Bernhard Waszkewitz

Gestaltung des Bildungs- und Ausbildungswesens

Grundlagen einer Bildungsreform im 21. Jahrhundert

Bernhard Waszkewitz

GESTALTUNG DES BILDUNGS- UND AUSBILDUNGSWESENS

Grundlagen einer Bildungsreform im 21. Jahrhundert

ibidem-**Verlag**
Stuttgart

Die Deutsche Bibliothek - CIP-Einheitsaufnahme:

Ein Titeldatensatz für diese Publikation ist bei
Der Deutschen Bibliothek erhältlich

∞

Gedruckt auf alterungsbeständigem, säurefreien Papier
Printed on acid-free paper

ISBN: 3-89821-201-7

Printed in Germany

Vorwort

Nachdem im Laufe der letzten Jahrzehnte nahezu alle Reformbemühungen im Bildungswesen der BRD schon im Ansatz erstickt sind oder wurden, haben die Ergebnisse der PISA-Studie die zuständigen Personen und Institutionen aufgeschreckt und zu einer Geschäftigkeit geführt, die entweder wieder im Erstickungstod endet oder aber in eine Katastrophe führen wird. Das hat zwei wesentliche Gründe. Den einen geht es nur um den Ruf, den anderen nur um ihren Vorteil und ihre Bequemlichkeit. Bildung und Ausbildung, und damit die Betroffenen bleiben letztlich auf der Strecke. Verändern im Sinne einer Verbesserung läßt sich nämlich nur, wenn man zunächst einmal im Grundsätzlichen Klarheit schafft.

So ist es keineswegs egal, ob man den Akzent auf die Bildung im Sinne der Persönlichkeitsbildung oder aber auf die Ausbildung legt. Denkt man an Bildung, so muß der Mensch, müssen seine Möglichkeiten und seine Individualität Ausgangs- und Mittelpunkt der Überlegungen und Lösungen werden. Denkt man primär in Ausbildungskategorien, als zweckorientierten Bahnen, so kommt der Mensch, kommt das Individuum erst an zweiter oder dritter Stelle. Und das gilt nicht nur für die Organisation und Gestaltung des Lehrens und Lernens, sondern auch für die Finanzierung. Bildung ist in erster Linie eine Frage der Öffentlichkeit an sich und der familiären Entwicklungshilfe, Ausbildung vor allem eine Aufgabe derjenigen, die den Nutzen von den erworbenen Fertigkeiten haben werden.

Unabhängig von der Akzentsetzung muß man sich darüber klar sein, daß Bildung wie Ausbildung Vorgänge zwischen Informationsquellen und Informationsaufnehmenden sind. Man muß dazu die Dimensionen der Informationsgestaltung und Informationsaufnahme prüfen, um ein dauerhaftes, anpassungsfähiges und flexibles System zu schaffen. Bei alledem sollte man nicht bildungs- und ausbildungsfremde Aspekte die Oberhand gewinnen lassen. Bildungs- und Ausbildungsinstitutionen sind keine Bewahranstalten. Dazu sind sie – wenn sie effektiv gestaltet sind – auch viel zu kostspielig. Benötigt man derartige Nebeneinrichtungen, sollte man sie unabhängig von den Bildungs- und Ausbildungsinstitutionen schaffen, zumal sie dann auch sachgerechter zu führen und hinsichtlich ihrer Erfolge zu kontrollieren sind.

Das alles sind Probleme, die im Zusammenhang mit der Neugestaltung unseres Bildungswesens im Grundsatz gelöst sein müssen, ehe man an spezifizierte Lehrpläne usw. denkt. Und zu diesen Fragen werde ich Anworten zu finden suchen.

Der Verfasser

Inhaltsverzeichnis

Zielsetzungen

Voraussetzungen

Wie angedeutet, muß man sich zunächst entscheiden, ob man ein Bildungswesen oder ein Ausbildungswesen oder beides will. In der BRD haben wir beides, so daß die Frage im Augenblick wohl eher lautet, ob man auf ein Bildungswesen verzichten und ein reines Ausbildungswesen schaffen will. Allerdings wird das mit nicht unerheblichen Problemen behaftet sein, wie ein Blick auf die kognitive und Persönlichkeitsentwicklung des Menschen lehrt.[1] Danach entscheiden die ersten Lebensjahre weitgehend über Informationsverarbeitung und Informationsinteresse des Kindes. Und das schon zu einer Zeit, wo von Ausbildung sicher noch nicht die Rede sein kann, ja noch vor der Kindergartenzeit.

Das bedeutet, daß Bildung mit Entwicklungshilfe im Sinne von Alice Miller[2] und auch von Bruno Bettelheim[3] schon mit der Geburt beginnt, im ständigen Gespräch mit der Mutter bzw. Entwicklungshelferin und der fortwährenden Unterweisung in den Dingen des Alltags. Hier entwickelt sich das Urvertrauen, das der Mensch braucht, um die Welt kognitiv zu erobern. Nicht ständige Abwechslung, nicht ständig wechselnde Bezugspersonen braucht das Kleinkind, sondern geordnete Verhältnisse, in denen es angenommen und ständig – ohne Schulstunden – gefördert wird. Verzichtet man darauf, etwa aus Karrieregründen, fehlt – von wenigen Ausnahmen abgesehen – später die Basis für eine umfassende und vielseitige Bildung und Ausbildung.

Will man diese Anstrengungen nicht auf sich nehmen, so wird man weitgehend auf den Bildungsansatz, der ja nicht nur mit Verstandesbildung, sondern auch mit Herzens- und Persönlich-

---

[1] vgl. Waszkewitz: Fortschritte und Entwicklungen, Datei 01Systeme, Ziff. 7, Stuttgart 2002

[2] vgl. Alice Miller: Am Anfang war Erziehung, Frankfurt 1980, Das Drama des begabten Kindes, Frankfurt 1982

[3] vgl. Bruno Bettelheim: u.a.: Die Geburt des Selbst, Frankfurt 1974; Liebe allein genügt nicht, Stuttgart 1985, 5. Aufl.

keitsbildung zu tun hat, verzichten müssen. Tatsächlich liegt diese Entscheidung allerdings zunächst bei den Eltern. Sicher der Staat, der keine Betreuungseinrichtungen schafft, der Müttern die Berufstätigkeit erschwert, kann dazu beitragen, daß mehr Mütter zu Hause bleiben, ob sie aber mit Freude und Hingabe Entwicklungshelfer ihrer Kinder werden, kann er damit nicht initiieren. Vielleicht sollte man sich von seiten der Öffentlichkeit mehr darum kümmern, wie berufliches Engagement der Mütter zu verwirklichen ist, ohne die ständige Entwicklungshilfe derselben zu gefährden.

Die dazu erforderliche Finanzierung ist dann eine Aufgabe der Öffentlichkeit und der Familien, die früher fast ausschließlich dafür aufkamen. Sobald man sich allerdings gegen diese Entwicklungshilfe entscheidet, geht man schon einen Schritt auf ein Ausbildungswesen zu, denn dann landen die Kinder in Betreuungseinrichtungen, die nicht in der Lage sein können, individuell auf jedes Kind einzugehen, die insbesondere Probleme kriegen, wenn sie mit „Fragekindern" gesegnet sind, die minütlich neue Fragen stellen und sich nicht abwimmeln lassen, die Nichtwissen nicht gelten lassen, sich nicht mit Gemeinplätzen abspeisen lassen, wenigstens nicht bis sie so frustriert sind, daß sie gar nicht mehr fragen.

Und dann ist ihr Informationsdrang erloschen, dann sind Lernbegierde und Lernfreude meistens für ein ganzes Leben dahin. Nur noch mit Tricks und besonderen Belohnungen wird man sie später noch aktivieren können. Da bleibt dann nur noch eine recht enge Zweckausbildung übrig. Das heißt, wer nur Ausbildung braucht, sucht und will, der kann auf ständige und vollständige Entwicklungshilfe verzichten. Der sollte dann aber auch die Finanzierung dieser Maßnahmen und Institutionen übernehmen. Allerdings wird er sich darüber klar sein müssen, daß auf diese Weise wohl tüchtige Arbeitssklaven zu erziehen sind, aber keine Eliten, schon gar keine Köpfe gewonnen werden können.

Bedenkt man, daß wir ein rohstoffarmes Land sind, daß nur durch Qualität und Know How überleben und seinen Lebensstandard einigermaßen wird halten können, wird man sicher nicht von vornherein auf ein Bildungssystem verzichten wollen und können. Dabei müssen wir uns aber darüber klar sein, daß die Voraussetzungen dafür auf der Entwicklungsseite nicht gerade rosig sind. Und das um so mehr, als die Rückstände in der Begabungsentwicklung infolge unzureichender Entwicklungshilfe eine verpaßte Chance darstellen, die nicht oder kaum später aufgeholt werden können. Das gilt im übrigen auch für die Sprache und Sprachentwicklung.

Folgerungen

Um diese Ziele zu verwirklichen, müssen wir uns zunächst einmal überlegen, wie denn Bildung, Ausbildung und Nebenfunktionen ineinandergreifen sollen, wo sie jeweils ihre Grenzen liegen, wie weit sie reichen und wer sie finanziert. Wir brauchen Eliten, und das auf jeder Ebene, in jedem Bereich, also vom Handwerker bis in die Spitzen der Natur- und Geisteswissenschaften, in Wirtschaft und Verwaltung, in Kunst und Literatur. Sicher, wir werden dieses hochgesteckte Ziel nicht von heute auf morgen erreichen. Wir werden auch nicht auf jedem Gebiet und in jeder Ebene Spitze werden können, wer aber schon hier in der Zielsetzung Abstriche macht, wird wieder nur Nivellierung und Debakel ernten.

Um an irgendeiner Stelle zu beginnen, legen wir den Status quo zugrunde und lassen unser Bildungswesen mit dem Kindergarten beginnen. Allerdings wird dieser Kindergarten in mancher Hinsicht unter Bildungsgesichtspunkten teilweise neu gestaltet werden müssen. Das gilt sowohl materiell als auch personell, denn er braucht zusätzlich zu klassischen Kindergärtnerin solche, die in der Unterrichtung und Belehrung auf dieser Altersstufe besonders geschult sind, und er benötigt entsprechendes Lehr- und Lernmaterial. Wollen wir noch früher im Sinne der Entwicklungshilfe beginnen, brauchen wir psychagogisch geschulte Kräfte – im Sinne der Erzieherinnen bei Bettelheim – und eine entsprechende Einrichtung.

Man sieht also, schon dieser erste Schritt wird teuer, zumal wenn man bedenkt, daß viele der heute in Kindergärten und Kindertagesstätten wirkenden Mitarbeiter und Mitarbeiterinnen für die hier anstehende Erziehungsaufgabe, die ja auch die Entwicklung einer Lern- und Arbeitshaltung umfaßt, umfassendere Kenntnisse und Fertigkeiten und vor allem auch entsprechende Persönlichkeitsreife gewinnen müssen. Mit Kindergartengeplärr wird das gesetzte Ziel nicht zu erreichen sein.

Der zweite Schritt ist heute und wird es bleiben, die Grundschule, in der für das Spielen aber dann nur noch wenig Raum bleibt. Schule ist Arbeit, Schule ist Pflichterfüllung und Leistung für beide, für Lehrer wie Schüler. Das kann natürlich nicht mit täglich 5 oder gar 6 Stunden Unterricht bei den Sechsjährigen beginnen, denn dazu reichen die Konzentration und Belastbarkeit noch lange nicht aus. Zweimal eine halbe Stunde Unterricht, zweimal eine halbe Stunde Übungen unter Aufsicht sind ein guter Anfang. Und dann ist für den Tag Schluß mit der Schule. Und diese Zeiten sind nur allmählich im Laufe der Monate und Jahre zu steigern, um dem kindlichen Leistungs- und Aufmerksamkeitsrahmen Rechnung zu tragen.

Diese Schulpflicht beginnt bei uns mit der Vollendung des 6. Lebensjahres, wenn Kinder im allgemeinen physisch reif genug sind, ohne daß dieses allerdings vorher ärztlicherseits geprüft wird. Erst nach Eintritt in die Schule kommt der Amtsarzt. Nur in Ausnahmefällen findet eine psychologische Untersuchung statt. Eigentlich immer erst dann, wenn es zu einem Versagen kommt oder aber auf speziellen Wunsch von Eltern, die ihr Kind früher als normgemäß eingeschult haben möchten. Sieht man von diesen Gefahrenquellen einmal ab, so kommen jetzt in der ersten Grundschulklasse Kinder unterschiedlichster Herkunft erstmals zusammen. Dabei denke ich nicht so sehr an schichtspezifische Herkunft als an die ethische und weltanschauliche Einstellung mit der diese Kinder kommen. Das birgt große Konflikte, führt zu - oft rein physischen - Auseinandersetzungen, zu Zu- und Abneigungen, die meistens wenig Bezug zur kindlichen Persönlichkeit haben, aber zu Belastungen derselben führen, ohne daß das Kind die Möglichkeit hat, diese zu verarbeiten. Hierbei entstehen dann vielfach gravierende Erlebnistraumata, die in manchen Fällen die gesamte Schulzeit belasten, oft zu Minderleistungen und Einschränkungen der Entwicklungsmöglichkeiten führen. Das gilt vor allem für sensiblere und differenziertere Naturen, die an sich die besten Entwicklungspotentiale aufweisen.

Als nächstes begegnen diese unterschiedlich eingestellten Kinder einem - anfangs nur einem - Lehrer mit seinem individuellen Hintergrund, seinen Vorlieben und Abneigungen. Sind die Einstellungen des Lehrers diffug zu denen eines Kindes, kommt es zu weiteren Konflikten, und zwar vor allem auf Seiten des Kindes. Schließt sich dieses Kind dann dem Lehrer und seinen Einstellungen und Meinungen an, bleibt der Konflikt mit dem Elternhaus oft nicht aus. Dazu ein Beispiel aus der eigenen Familie, einem aufgeklärten und liberal zu nennenden, natur- wie geisteswissenschaftlich geprägten Elternhaus. Die Tochter kommt mit 6 Jahren - kurz nachdem ihr Bruder geboren wurde und sie die Schwangerschaft intensiv miterlebt hat - in die Grundschule in einer süddeutschen Großstadt. Da muß sie von der Lehrerin zur Kenntnis nehmen, daß Kinder vom Storch gebracht werden und eckt furchtbar an, als sie darlegt, daß ihr Brüderchen aber im Bauch der Mutter herangereift ist und dort „herausgekrochen" ist. Sie wird damit sowohl von der Lehrerin als auch von den Klassenkameraden gelinde gesagt kritisiert. Bei anderer Gelegenheit erzählt die Lehrerin dann, daß in den elektrischen Leitungen lauter kleine grüne Männchen säßen, die beim Einschalten des Lichtschalters durch die Lampe liefen und das „Licht machen", ganz abgesehen davon, daß sie auch noch falsches Deutsch schrieb. So wurde das Kind hin- und hergerissen. Und es hat Jahre gedauert, bis es lernte, den Ansichten der Lehrer kritisch zu begegnen und sie zu hinterfragen.

Hinzu kommt das Begabungsproblem, gerade heute, wo immer deutlicher wird, daß Begabungen weitgehend anlagebedingt sind, aber entfaltet und gefordert werden müssen. In der Grundschule, wo ja etwas gelernt werden soll, treffen die unterschiedlichsten Begabungen zusammen. Die einen brauchen sehr lange, bis sie etwas verstanden haben, andere lernen sehr schnell. Wenn der Lehrer sich auf ein mittleres Tempo einstellt, werden die langsam Lernenden den Anschluß verlieren, werden Niederlage nach Niederlage einstecken und schließlich resignieren, evtl. depressive Tendenzen entwikkeln. Schule, ja Lernen überhaupt wird für sie zum Trauma. Sie brauchen also eine besondere Förderung und Unterstützung, die aber möglichst nicht von Gleichaltrigen kommen sollte, denn dabei entstehen Neid- und Haßgefühle, oft in hintergründiger Form. Die Begabten haben dann immer schon alles erfaßt, wenn die mittleren Begabungen noch am Verarbeiten sind. Sie langweilen sich, „schlafen" ein und beteiligen sich nicht mehr, viele von ihnen verbummeln, weil ihre Begabung nicht gefordert wird. Das wiederum können wir uns in einem Land, dessen Überleben weitgehend eine Frage des Know How ist, nicht leisten.

Ein ähnliches Problem stellt die Sprachbeherrschung dar, und das besonders in Klassen mit einem gewissen Ausländeranteil, der die Unterrichtssprache nicht ausreichend beherrscht. Das führt zu weiteren Verzögerungen, zu einer Verlangsamung, die Begabungen vernichten kann. Auch die Sprachbeherrschung ist ein Indiz der Schulreife, was immer wieder übersehen wird. Da der hochsprachliche Code von vielen nicht beherrscht wird, leider auch von manchen Lehrern zumindest nicht verwendet wird, öffnen sich Tor und Tür für Mißverständnisse. Das gilt sowohl im reinen Lehr- und Lernprozeß als auch im Bereiche der sozialen Kommunikation und damit im Spannungsfeld der Klassenmitglieder untereinander.

An diese Grundschule oder Primarstufe schließt sich eine Sekundarstufe an, womit aber nicht gesagt ist, daß diese für alle gleich ist. Wie wir noch sehen werden, taugt das Prinzip der Einheitsschule nicht für das gesteckte Ziel. Die Sekundarstufe ist aber immer noch eine Schule des Bildungswesens und keine Ausbildungsinstitution. Für Allgemeinbildung und Persönlichkeitsbildung kann sie aber noch nicht die letzte Stufe sein, wenn man bedenkt, daß die psychosoziale Reife heute im allgemeinen erst mit 25 bis 28 Jahren erreicht wird. Sie richtet sich nicht nach juristischen Vorgaben, sie hält sich nicht an Äußerlichkeiten. Sicher, die Begabungen sind mit etwa 15 bis 16 Jahren ausgereift, aber keineswegs Persönlichkeit und Sozialverhalten, mag das auch im Hinblick auf die vorverlegte körperliche und sexuelle Entwicklung der Jugend hierzulande so aussehen. Die Folge sind nicht unerhebliche Konflikte, teilweise auch deshalb, weil ihnen Verantwortung zugemessen wird, die sie nicht tragen können. Man lasse sich also nicht vom Erscheinungsbild täuschen.

Logischerweise hätten wir im Bildungswesen eine dritte Stufe, eine tertiäre anzusetzen. Allerdings werden wir diese nicht ausschließlich dem Bildungswesen vorbehalten, sondern wie bisher teilweise auch dem Ausbildungswesen zuordnen müssen, denn über die Bildungsmöglichkeiten der Sekundärstufe im obigen Sinne hinaus wird nur ein begrenzter Prozentsatz der jungen Menschen kognitiv zu bilden sein.

Was danach kommt, ist dann zweifellos nur noch Ausbildung und Fort- und Weiterbildung. Allerdings darf man daraus nicht den Schluß ziehen, daß diese keinen Einfluß auf die Persönlichkeit der Teilnehmer haben bzw. haben werden. Ihr Einfluß geht aber, und das ist im Sinne unserer Überlegungen gewollt, primär auf die Bewältigung des Berufslebens und der beruflichen und in der Weiterentwicklung sich stellenden Aufgaben.

Daraus folgt, daß der bisherige grundsätzliche Aufbau unseres Bildungswesens dem gesteckten Ziel durchaus entspricht. Und man mag sich fragen, warum die PISA-Studie so schlechte Ergebnisse gebracht hat. Entweder liegt das an Zeiten vor dem Eintritt in das Bildungswesen oder an inneren Strukturen und Feinheiten des Systems. Ehe wir diese Frage prüfen können, müssen wir uns erst ein wenig mit dem Bildungsprozeß selbst beschäftigen.

Vieldimensionalität des Bildungsprozesses

Die Dimensionen

Bildung ist kein eindimensionales Phänomen, auch nicht nur ein kognitiver Vorgang. Humanität, Anpassung und Verstehen gehören ebenso dazu, wie Respekt vor anderen und deren Vorstellungen. Selbst kognitive Bildung besteht nicht nur aus einer Vielzahl von Wissenselementen und Kenntnissen. Die Breite des Wissens allein macht es nicht, ganz abgesehen davon, daß es auch auf das Wissensniveau ankommt. Und auch damit nicht genug, gerade bei umfassenden und weitreichenden Aufgaben wird nur derjenige Erfolg haben, der über die nötige Tiefe in seinem Wirkungsbereich verfügt. Und wenn man das Ganze dann vom Bildungsprozeß her betrachtet, darf man nicht übersehen, welche Zeit erforderlich ist, um diese kognitive Bildung zu erlangen, welcher Aufwand damit verbunden ist.

Darüber hinaus sind Zeit und viel Kraft und Intensität erforderlich, um jene über die kognitive Seite hinausgehende Persönlichkeitsbildung zu entwickeln. Und dazu helfen Lehrbücher wenig, CD-ROMS kaum. Dazu bedarf es Menschen und deren Werke, die in ihrer Haltung, in ihren Überzeugungen und ihrem Wirken als Vorbilder den jungen Menschen Wege und Sinngehalte aufzeigen. Ihr Wirken kann man nicht bezahlen, ihren Einsatz nicht messen und nicht honorieren. Man muß solche Lehrer oder sonstigen Persönlichkeiten erfahren haben, um überhaupt zu verstehen, worum es dabei geht. Jede Gesellschaft sollte jenen dankbar sein, die derart zur Bildung des Nachwuchses beitragen, ob in der Familie, in der Schule, in Vereinen oder bei anderer Gelegenheit. Sie allein bewahren wenigstens einen Teil der Jugend davor, nur noch Geld, Verdienst, Zweck, Funktion und Spaß zu sehen. Sie helfen, Kultur zu bewahren und zu entwickeln.

Sind wir uns also darüber klar, daß Persönlichkeitsbildung nicht direkt planbar ist. Sie muß gewissermaßen abfallen, wird aber nicht möglich werden, wenn wir Bildung nur als Zweckbildung, nur als Anhäufung von Kenntnissen und Fertigkeiten verstehen und begreifen.

Die Zeit als Bildungsdimension

Ein wesentlicher Faktor der kognitiven Bildung ist die Zeit. Und mit ihr beginnt das erste Problem. Natürlich kann man feststellen, wie lange Menschen im allgemeinen benötigen, um bestimmte Inhalte oder Fertigkeiten zu erwerben. Das Problem dabei ist aber, daß der eine a, der andere b und der dritte c Stunden für das gleiche Pensum benötigt, um es zu beherrschen. Zu bedenken ist dabei, daß alle drei auch noch Unterschiedliches lernen und behalten, ganz besonders dann, wenn sie verschiedene Lehrer haben. Hinzu kommt, daß jeder Lehrer für die Vermittlung eines bestimmten Stoffes unterschiedliche Zeit benötigt. Man darf seine eigene Persönlichkeit nicht außer Acht lassen. Das eigentliche Problem dabei ist dann, was macht derjenige Schüler, der nicht so schnell lernt? was macht der Schüler, der schneller lernt, als der Lehrer vorgeht? Nun, der eine wird Lücken aufweisen, die er nachträglich füllen muß, der andere wird sich langweilen, wird in seiner Konzentration evtl. nachlassen und dadurch Lücken produzieren.

Von der Zeitachse aus betrachtet, kommt es also darauf an, Bildung so zu gestalten, daß die Lernvorgänge sich in Tempo und Verlauf, der bei Menschen ja keineswegs gleichförmig ist, an die Eigenarten des Lernenden anpassen müssen. Ohne hier darauf einzugehen, was das methodisch für das Lehren heißt, folgt daraus, daß der eine in der gleichen Zeit mehr lernt und lernen kann als der andere, vorausgesetzt, man gibt ihm dazu Gelegenheit, ebenso wie man dem Langsamen mehr Zeit lassen muß, wenn er dabei im Endeffekt auch weniger lernt als andere. Und so erreicht A das Klassenziel nach 3 Monaten, B nach 6, C nach 12 und D nach 2 Jahren. Da ist es dann vorbei mit Klasseneinteilungen nach Jahrgangsstufen, womit man sich dann allerdings häufig schwierige Sozialprobleme einhandelt.

Diese lassen sich in einer gewachsenen Dorfgemeinschaft evtl. noch lösen und auffangen, im Milieu einer Großstadt aber nicht mehr beherrschen. Da hilft dann nur eine Aufteilung der Lernenden nach Tempo und Verlauf. Und das möglichst bald nach der Einschulung, evtl. unter Nutzung entsprechender geeichter Testverfahren, so solche vorhanden sind. Das heißt dann A-, B-, C-, D-Klassen, und das auf Dauer, denn wieder zusammenführen wird man sie nicht können, wenn man auch die Durchlässigkeit zwischen ihnen im Hinblick auf Verlauf und Tempoänderungen im Zuge von Entwicklungsprozesse sichern muß. Auch das ist natürlich ein Kompromiß, denn sicher werden 4 Tempoklassen nicht ausreichen, der individuellen Vielfalt gerecht zu werden.

Die Breitendimension

Lernen besteht unter anderem in der Aufnahme, im Behalten und Verarbeiten von Tatbeständen. Das mögen Fakten, Perspektiven oder Lösungsmethoden sein. Sie sind das Material, mit dem unsere Begabungen arbeiten können, das sie aber auch zum Arbeiten benötigen. Dabei kann man zwischen Grundlegendem und Ergänzendem unterscheiden. Vor allem kommt es natürlich auf das Grundlegende an, das auch im Wandel Bestand hat. Das Ergänzende hilft bei der Anwendung des Grundlegenden, wandelt sich aber im Laufe der Entwicklung immer wieder. Immer wieder kommen auch neue Tatsachen und Ergebnisse hinzu, eine Fülle, die keiner wirklich behalten kann. Ohne ein gewisses Ergänzungswissen, wird es aber besonders schwierig, das Grundlegende auch anzuwenden. Es ist also auch hiervon das eine oder andere erforderlich.

Wie gesagt, die ganze Breite ist unüberschaubar und unbehaltbar, manches schon wieder überholt, bis es behalten und verarbeitet wurde. Bedenken muß man dabei zudem, daß die Speicherkapazität der Menschen, auch der Schüler unterschiedlich groß ist. Natürlich haben es jene einfacher, die mehr speichern können, die schneller behalten, vielleicht auch dauerhafter behalten. Sie können mehr lernen und sollten mehr lernen, denn auch solche Menschen braucht die Gesellschaft. Wie aber diese Unterschiede in das Bildungswesen integrieren?

Dazu muß man den gespeicherten Faktenumfang bewerten und entsprechende Skalen einführen. Wenn man dann den zu erzielenden Mindestumfang in jeder Stufe und jedem Fach bestimmt, kann man dann Werte für den Faktenumfang bei dem Lernenden angeben. Allerdings erscheint es wenig sinnvoll, die Werte für den Mindestumfang freihändig festzulegen. Umfangreiche Untersuchungen der IST-Zustände sind dazu erforderlich, damit nicht willkürliche und unangemessene Skalen eingeführt werden.

Allerdings wird es immer wieder Lernende geben, die auf diesem oder jenem Gebiete die Mindestwerte nicht erreichen, denn man darf nicht übersehen, daß im Zuge der vorschulischen und schulischen Entwicklung sehr unterschiedliche Bedürfnisschwerpunkte herausgebildet werden. Und das führt dann auch dazu, daß Menschen verschiedene Inhalte unterschiedlich gut lernen, mancher zu diesem oder jenem Gebiete gar keinen oder nur einen sehr beschränkten Zugang gewinnt. Und wenn es dann mit dem einen oder anderen Inhalt gar nicht mehr geht, sollte man seine Zeit lieber für solche Inhalte verwenden, die ihm liegen.

Mit anderen Worten, man muß – wenigstens im sekundären und tertiären Bereich – Konzessionen machen und Abstriche vom Gesamtkanon in Kauf nehmen, also bei weniger vielfältig Begabten zu einer Spezialisierung durch Einschränkungen kommen.

Die Höhendimension

Wenn von der Höhendimension im Rahmen der kognitiven Bildung die Rede ist, dann geht es um das Niveau, also letztlich um das Begabungsniveau, und das nicht nur in Denkbegabungen, in der Willensfunktion[4], sondern ebenso sehr in den manuellen Fertigungs- und den Vorstellfähigkeiten zu beachten ist. Je umfangreicher die Begabungen entwickelt sind, desto größer können die Schwierigkeitsgrade der Aufgaben und des Lernpensums sein. Bei geringerem Begabungsniveau können derart sind dann Aufgaben mit höherem Schwierigkeitsgrad nicht mehr zu bewältigen. Da man Menschen im Interesse der Chancengerechtigkeit ihren Begabungen entsprechend fördern und demzufolge auch fordern muß[5], sie aber auch nicht überfordern darf, sind unterschiedliche Forderungskataloge bzw. Schultypen oder Klassentypen mit unterschiedlichen Inhalten und unterschiedlichem Anforderungsniveau zumindest ab Sekundärstufe erforderlich, wenn man ein effektives Bildungssystem aufbauen will.

Die Tiefendimension

Betrachtet man sich einzelne Inhalte und Sachgebiete, so kann man sich jeweils mit einigen umrißhaften Kenntnissen zufrieden geben. Man kann aber auch tief in das Gebiet und seine vielen Verästelungen eindringen, wenn man kann. Nun nicht auf jedem Gebiete ist ein Eindringen in feinste Verästelungen eines Teilgebietes mit größeren Anforderungen an die Begabungshöhe verbunden als etwa die Beschränkung auf eine weniger tief reichende Gesamtschau. Der Blick in die Tiefe und die Vertiefung in derartige Verästelungen verlangen vielmehr meistens eine besondere Ausrichtung der Begabungen, ja der Persönlichkeit als solcher. Das liegt nicht jedem, wie es auch viele, gerade begabte Menschen gibt, die Projektarbeit nicht mögen, die von ihr nur abgestoßen werden. Und das gilt insbesondere für jene, die danach trachten, sehr systematisch und folgerichtig zu arbeiten.

---

[4] Willensfunktion hat nichts mit dem zielgerichteten Wollen zu tun, sondern ist eine Begabung, zu der auch Konzentration, Aufmerksamkeitshorizont usw. gehören.

[5] vgl. F. v. Cube: Fordern statt verwöhnen, 10 Aufl. München 1977

Das bedeutet für ein Bildungswesen, daß Chancengerechtigkeit verfolgt, daß es auch Wege finden muß, diese Neigung und Befähigung zur Tiefenarbeit und Tiefenerfassung zu unterstützen. Dazu dürften sich dann einerseits Seminararbeiten, aber auch Arbeitsgemeinschaften und spezielle Projekte eignen. Natürlich muß jeder Lernende derartiges Arbeiten und Lernen einmal ausprobiert haben, aber dazu genügt eine weniger umfangreiche Hausarbeit mit entsprechenden Themen. Und daran kann der Lehrende, wenn er sein Handwerk versteht, dann schon erkennen, ob man derartige Aufgaben dem jeweiligen Lernenden auch in der Zukunft empfehlen und nahelegen sollte.

Ehe wir diese Erkenntnisse aber anwenden wollen, sei zunächst noch ein Rückblick auf unser bestehendes Bildungssystem gestattet, wobei ich mich auf jene Aspekte beschränken werde, die für unser Thema wesentlich sind.

Erste Umformungen

IST-Zustand

Gehen wir von den bisherigen Kenntnissen und Darlegungen aus, so ergeben sich daraus wichtige Folgerungen für Bildung und Ausbildung, für deren Gestaltung und Organisation. Dazu greifen wir zunächst auf das in der BRD bestehende System zurück. Sieht man von einigen Sonderformen zunächst einmal ab, beginnt das öffentliche Bildungssystem mit der Grundschule und ihren Klassen 1 bis 4 für die Sechs- bis Zehnjährigen. In dieser Phase sollen die Kinder mit den grundlegenden Kulturtechniken, wie Lesen, Schreiben und Rechnen vertraut gemacht werden, die Grundlage jeder Allgemeinbildung sind. Daneben stehen auf dem Lehrplan die Sachkunde sowie musische Fächer (Singen und Zeichnen) und die „Leibeserziehung", die früher mit Termini wie Turnen, Sport und Spiel bezeichnet wurde.

Das heißt, daß in dieser Latenzphase inzwischen herausgebildete Fähigkeiten trainiert werden sollen. Allerdings darf man zwei Dinge dabei nicht übersehen, nämlich einmal den Gemeinschaftsunterricht ohne Rücksicht auf Individualität und Herkunft und zum anderen die informellen Strukturen und ihre Auswirkungen. Bleiben wir zunächst bei dem Gemeinschaftsunterricht, der auf ein mittleres bis niederes Begabungsniveau abgestimmt ist, wenn wir an den Effektivitätsgrad der Begabungen und seine Verteilung in der Bevölkerung denken. Das heißt zunächst, daß das unterschiedliche Weltbild der Grundschüler unberücksichtigt bleibt. Im Gegenteil, es wird ein - letztlich von der Politik, oftmals der Parteipolitik - bestimmtes Weltbild zur Grundlage der Bildung gemacht. Das äußert sich nicht nur im Anforderungsniveau, das zeigt sich ebenso in vielen Inhalten. Das heißt zugleich, daß Kinder, die mit einem anderen Weltbild in die Schule kommen, an ihrer weiteren optimalen Entfaltung gehindert werden. Natürlich ist es verständlich, daß eine pluralistische Gesellschaft wie die unsrige versucht, eine gewisse Konformität über ihre Einrichtungen, also auch die Schule zu erzeugen. Das muß aber bei einer Reihe von Kindern, insbesondere bei sehr sensiblen und damit besonders differenzierbaren, zu Komplikationen führen. Viel wird daher von der Qualität der Lehrer und ihrer Schulung abhängen, ob die damit verbundenen Konflikte und Behinderungen abgebaut werden können.

Ähnliche Probleme finden sich auf den Sekundarstufen. In unserem Bildungssystem stehen uns im allgemeinen nur 3 Formen zur Verfügung, die Hauptschule, die Realschule und das Gymnasium, wobei allerdings durch Unterschiede in der Sprachenwahl, musische, naturwissenschaftliche usw. Ausrichtungen eine Differenzierung entstanden ist. Auch das versucht man mit Hilfe des Gesamtschulkonzepts zu verwässern, zumal man nur die Inhalte und nicht die methodischen Aspekte sieht. Dabei benötigen wir zur Förderung der Vielfalt der Begabungsniveaus keine Unifikation, sondern eine weitere Diversifikation der Bildungsniveaus. Das heißt, um die unterschiedlichen Begabungseffektivitäten optimal fördern zu können, bedarf es einer größeren Vielfalt der Schulformen insbesondere vom Niveau her. Diesem muß dann im weiteren Zuge des Bildungssystems das Ausbildungssystem folgen.

Ehe wir uns damit näher beschäftigen, sei noch auf bestehende Sonderformen in unserem Schulsystem verwiesen. Hierbei stößt man immer mehr auf die sog. Gesamtschule, die die klassischen 3 Schulformen in sich vereinen soll. Hier bleiben die Schüler vom Beginn bis zum Ende ihrer Schulzeit zusammen. Das verlangt allerdings große Schulen an zentralen Orten. Übersehen wird dabei, daß alle Mammut- und Massenerscheinungen der Tod echter pädagogischer Arbeit sind, ganz abgesehen davon, daß die Kinder sich darin mehr oder minder verloren vorkommen. Außerdem werden Neid- und Mißgunstgefühle sehr schnell dadurch wach, daß einige höherwertige, andere niederwertige Kurse besuchen und alle dieses ständig vor Augen haben. Während bei getrennten Schulformen noch - „aus dem Auge aus dem Sinn" - wirken kann und die Schule in der Freizeit nur wenig wirksam ist, ballt sich in der Gesamtschule alles. Das wiederum erzeugt Gruppenbildungen informeller Art, die zu den schon oben erwähnten Folgen führen müssen.

Eine Besonderheit des heutigen Gymnasiums ist die sog. reformierte Oberstufe. Sie zielt im Grunde an der Aufgabe der Allgemeinbildung vorbei, da sie eine studienähnliche Vertiefung, also vorweggenommene Berufsausbildung intendiert. Sie macht zudem die Abschlüsse unvergleichbar, denn Sport und Sozialkunde als Leistungskurse sind etwas anderes als Deutsch und Mathematik. Hier bleibt dann in vielen Fällen die Allgemeinbildung auf der Strecke.

Daneben gibt es eine Reihe von Schulformen, die von sich aus der Allgemeinbildung abgeschworen haben und als Fachschulen Allgemeinbildungsabschlüsse nur noch nebenbei mitmachen, aber meistens heftig dafür kämpfen, diese Berechtigungen verteilen zu dürfen. Das gilt einmal für die in Nordrhein-Westfalen eingeführte Kollegschule, aber auch für eine Reihe von Gesamtschulen, die einen Teil ihrer Zeit dazu verwenden, einen Berufsabschluß im dualen Ausbildungssystem zu vermitteln, worunter naturgemäß die Allgemeinbildung leiden muß.

Diese Art von Schulen sind in etwa der Fachoberschule (FOS) vergleichbar, wie sie in einigen Bundesländern eingeführt ist. Sie baut auf dem Realschulabschluß auf und führt in 3 Jahren, von denen eines berufspraktischer Natur ist, zur eher fachgebundenen Fachhochschulreife. Der Allgemeinbildungseffekt dieser Fachoberschulen ist - nach meinen Erfahrungen an der Fachhochschule - minimal, wenn überhaupt zu verspüren. Hier handelt es sich also eigentlich nicht mehr um das allgemeinbildende Schulwesen, so daß deren Abgänger vom Standpunkte der „Bildung" nicht mit denen echter allgemeinbildender Schulen gleichgesetzt werden dürfen.

Ein erster Reformschritt

Betrachtet man sich die Erkenntnisse der Psychologie, insbesondere der Entwicklungspsychologie, so kann man nicht umhin, dieses System im Interesse der Kinder und ihrer Entfaltung zu verändern. Das gilt einmal im Hinblick auf die unterschiedlichen Begabungen. Hier ist eine Trennung nach Begabungen anzustreben, damit eine echte Förderung und Entfaltung der vorhandenen Begabungen erfolgen kann. So kann manches Kind in zwei Jahren das bewältigen, wozu ein anderes fünf Jahre braucht. Nach einer ersten Phase, in der die Leistungsfähigkeit der einzelnen Kinder genau zu beobachten ist - nicht nur ihre Überaktivität -, sollte eine Trennung in mindestens vier Gruppen A, B, C und D erfolgen, wobei naturgemäß eine beträchtliche Durchlässigkeit zwischen den 4 Typen nötig ist, die folgende Besonderheiten aufweisen:

- -A= 6jährige Grundschule
- -B= 5jährige Grundschule
- -C= 4jährige Grundschule
- -D= 3jährige Grundschule.

Das Pensum sollte für alle 4 Formen gleich sein, denn gerade in dieser Phase und bei dem Lehrstoff der Primarstufe wirken sich Begabungsniveauunterschiede vor allem im Zeitbedarf für ein bestimmtes Pensum aus. Das schließt nicht aus, daß nach absolvierter Grundschule die Absolventen der D-Gruppe eher für weiterführende Bildungseinrichtungen in Frage kommen als die der A-Gruppe, doch darüber später mehr.

Darauf aufbauend ergibt sich dann für das weiterführende Bildungswesen logischerweise die folgende Konzeption:

Typ	Klassen	Abschluß
A. Volksschule	Kl.7-9	Anlernreife
B. Hauptschule	Kl.6-9	Lehrreife
C. Mittelschule	Kl.6-10	Fachlehrreife
D. Realschule	Kl.5-10	Fachschulreife
E. Oberschule	Kl.5-11	Collegereife
F. Fachgymnasium	Kl.5-12	Fachhochschulreife
G. Gymnasium	Kl.4-12	Hochschulreife
H. wissenschaftliches Gymnasium	Kl.4-12	Matura

Hier zeichnen sich inhaltliche und zeitliche, damit aber auch niveaumäßige Unterschiede deutlich ab. Zugleich damit verbunden ist naturgemäß auch das methodische Problem, das sich etwa wie folgt charakterisieren läßt:

A.	exemplarisch-anschaulich-mechanisch
B.	exemplarisch-sprachlich-schematisch
C.	konkret-sprachlich-handelnd
D.	konkret-sprachlich-technologisch
E.	konkret mit Übergängen zum Abstrakten
F.	exemplarisch-abstrakt, induktiv
G.	generell bis exemplarisch, abstrakt, deduktiv
H.	generell, abstrakt, formal, deduktiv

Vom Bildungs- zum Ausbildungswesen

Das Ausbildungssystem in Deutschland kennt drei Säulen, nämlich

1. das duale Ausbildungssystem
2. das Fachschulsystem
3. das Hochschulsystem

Während das duale Ausbildungsystem durch das Berufsbildungsgesetz geordnet wurde, gibt es für Fachschulen keine bundeseinheitliche Regelung. Das Hochschulsystem zeigt organisatorisch wohl eine gewisse Konformität, inhaltlich aber große Unterschiede, die durch die Autonomie der Hochschulen bestimmt sind.

Bleiben wir zunächst beim dualen System. Zuständig für die Ausbildungsordnungen der Lehrberufe oder Ausbildungsberufe im dualen System ist der Bund. Er erläßt die Ausbildungsordnungen, durch die Ausbildungsberufe geschaffen oder bestätigt werden. Er zieht aber auch Ausbildungsordnungen wieder ein, wenn Ausbildungsberufe abgeschafft werden. Zur Zeit haben wir etwa fast 400 solcher anerkannter Ausbildungsberufe, 1953 waren es über 700. Allerdings steigt die Zahl der Abschlüsse durch die im Zuge der Neuordnung eingeführte Stufenausbildung in manchen Branchen - außerhalb des Kaufmännischen -, weil diese Ausbildungsgänge mit einer allgemeinen Breitenausbildung mit Abschluß

- etwa nach dem 2. Ausbildungsjahr - beginnen und dann eine verzweigte Spezialisierung hinzukommt, die wiederum mit einer Abschlußprüfung und einer eigenen Berufsbezeichnung verbunden ist. Allerdings gibt es noch nicht für alle Ausbildungsberufe neugestaltete Ausbildungsordnungen, wie sie etwa beim Industriekaufmann schon zu finden ist. Hierzu gehören neben dem Berufsbild auch differenzierte Ausbildungsrahmenpläne. Generell - von wenigen Ausnahmen abgesehen - sind dabei rein formal die Ausbildungspläne so gehalten, daß der Bewerber mit Hauptschulabschluß eine Ausbildung in ihnen absolvieren kann. De Facto werden Hauptschüler aber in vielen dieser Ausbildungsgänge Schwierigkeiten bekommen, weil ihre Allgemeinbildung und ihre Fertigkeiten in Kulturtechniken zu gering für das heutige Anforderungsniveau des Arbeitslebens sind. Zumindest schaffen sie es nicht, in der vorgesehenen Zeit zu guten Abschlüssen zu kommen. Das heißt, die Berufswirklichkeit ist den Ausbildungsordnungen längst davongelaufen. Natürlich spielt auch eine Rolle, daß das Niveau der Schulabschlüsse seit 1910 ständig sinkt. Das wiederum läßt sich nur verdecken, wenn man die Anforderungen in der Ausbildung senkt oder aber nur Bewerber einstellt, die höhere Schulabschlüsse und damit eine umfassendere Allgemeinbildung aufweisen.

Im übrigen sind die Berufe des dualen Systems die einzigen, in denen Jugendliche unter 18 Jahren ausgebildet werden dürfen. Das ist dann einer der Gründe, weshalb manche Fachschulen nur Schüler ab dem vollendeten 18. Lebensjahr aufnehmen, weshalb auch in sonstigen Berufssparten, etwa unternehmensspezifischen Berufen, das Mindestalter für die Aufnahme der Ausbildung 18 Jahre ist. Mit etwa 18 bzw. 19 Jahren machen Schüler im allgemeinen das Abitur. Demzufolge verlangen viele Fachschulen und unternehmensspezifische Berufe das Abitur oder die Fachhochschulreife als Voraussetzung. Das geschieht aber nicht nur aus diesem Grunde, sondern auch zur Straffung und Beschleunigung der Ausbildung, die in den meisten Fällen deutlich höhere Anforderungen als jene im dualen System stellt. Man denke nur an die MTA, PTA, Mathematische Assistenten/innen, Datenassistenten/innen usw..

Die dritte Gruppe bilden die Hochschulberufe. Hier gibt es zwei Grundformen, die Fachhochschul- und die Universitätsausbildungen. Zwar sind beides Hochschulen im Sinne des Gesetzes, beide schließen in den meisten Fächern mit dem Diplom[6] ab, aber sie unterscheiden sich nicht nur im Ausbildungsziel, sondern auch im Ausbildungsniveau. Die Anforderungen der Universitäten liegen im allgemeinen deutlich höher als die der Fachhochschulen, und das naturgemäß besonders im Theoretischen, im Grundlagenbereich. Mehr und mehr kommen dazu auch höhere Anforderungen in der Anwendung. Anwendung heißt hier dann Anwendung erst zu erforschender wissenschaftlicher Grundlagen. Demgegenüber heißt Anwendung an der Fachhochschule Nutzung bereits vorliegender wissenschaftlicher Grundlagen zur Problemlösung. Natürlich gibt es aufgrund der Autonomie der Hochschulen und ihrer Fachbereiche - bei aller Aufsicht durch die Ministerien - große inhaltliche und niveaumäßige Unterschiede innerhalb der Bundesrepublik. Abschlüsse sind nicht einfach vergleichbar, ebensowenig wie bei Fachschulen.

Insgesamt gesehen erscheint das Berufsbildungssystem inhaltlich zwar sehr differenziert, niveaumäßig aber eher einförmig und viel zu grob. Wir haben hier eine Fortsetzung des allgemeinbildenden Schulsystems vor uns, und das in einer Zeit hoher Innovationstempi, in denen bei der Fülle der Erkenntnisse das alte Meisterprinzip, bei dem jeder alles von der Pike auf lernen mußte, versagen muß. Dazu würde von der Pike bis zur Spitze ein Zeitraum von mindestens 40 Jahren anzusetzen sein, den wir für die Ausbildung weder finanziell noch zeitlich aufwenden können. Wir müssen vielmehr die Begabungen nutzen und jeden nach seinen Begabungen so rationell wie möglich ausbilden. Das setzt aber eine systematische Eingangsdifferenzierung voraus, also auch eine Diffe-

---

[6] immer mehr Studiengänge unterliegen angelsächsischen Einflüssen und bieten als Abschluß den Bachelor bzw. Master an.

renzierung des allgemeinen Schulwesens, wie oben aufgezeigt. Für die kaufmännischen Berufe würde daraus z.B. folgender Aufbau folgen:

- Verkäufer, Lagerarbeiter usw.
- Einzelhandelskaufmann, Bürokaufmann usw.
- C. Industriekaufmann, Groß- und Außenhandelskaufmann (Fachkaufmann)
- staatl. geprüfter Betriebswirt
- grad. Betriebswirt
- Diplombetriebswirt
- Diplom-Kaufmann
- Dr. rer. oec.

Naturgemäß setzt das entsprechend gestaltete Ausbildungsberufe voraus, bei denen Inhalte und Niveaus auf die schulischen Abschlüsse abgestimmt sind. Das gilt besonders für die sog. Lehrberufe. Geschieht das nicht, werden im Laufe der Zeit die Abschlüsse des dualen Systems immer wertloser für die Praxis, die Auszubildenden nach ihrem Abschluß zu Hilfsarbeitern. Damit wird der Andrang zu den Hochschulen immer größer und die Probleme für die Studenten werden wachsen, weil viele von ihnen nicht studierfähig im Sinne der Anforderungen der jeweiligen Hochschule bzw. Ebene sind. Für die Professoren und Dozenten wachsen dadurch die außerfachlichen, die humanen Belastungen in unzumutbarer Weise, ohne daß jemand bereit sein wird, dieses substantiell und materiell anzuerkennen. Man beachte dazu auch die Forderungen des DL-Präsidenten Josef Kraus im bildungspolitischen Grundsatzgespräch beim Kanzler (*vgl. DL bildung konkret 12/1993*), wonach Leistungs- und Eignungsprinzip in den Vordergrund gestellt werden. Hinzu kommen die Forderungen nach möglichst individualisierter Förderung, der Transparenz und Vergleichbarkeit von Anforderungen und Abschlüssen. Dieses entspricht weitgehend den heutigen psychologischen Erkenntnissen.

Allerdings bin ich mir nicht so sicher, daß diese Forderungen heute noch ohne weiteres durchsetzbar sind, und das trotz der

Ergebnisse der PISA-Studie. Zu sehr hat sich der Gedanke eingebürgert, daß man ohne Abitur nichts mehr ist, obwohl das natürlich sachlicher und systemlogischer Unfug ist. Wenn man bedenkt, in welchem Deutsch Studenten von heute häufig ihre Arbeiten abgeben, obwohl diese Sprache ihre Muttersprache ist, die sie zudem 13 Jahre lang gelernt haben sollten. Ein solches Deutsch - auch von der Orthographie her - wäre Grund genug dafür gewesen, vor 1950 nicht in die 1. Klasse des Gymnasiums aufgenommen zu werden. Das gilt aber nicht nur für die Sprache, mit deren Hilfe sie denken, das gilt leider auch für das Denken. Und wenn man die letzten Untersuchungen zur Allgemeinbildung der deutschen Bevölkerung - einschließlich der Studenten und Akademiker - betrachtet, so kann man nur feststellen, daß es sicher nicht so viele einer wirklichen Hochschulreife entsprechende Kandidaten gibt, wie mit Abitur herumlaufen, es sei denn, das Abitur ist nicht viel mehr Wert als vor 50 Jahren ein guter Volksschulabschluß. Dann sollte man aber nicht mehr von Gymnasien und Abitur sprechen.

Das alles heißt, daß die Forderungen, von denen oben die Rede war, sich sicher nur sehr langsam verwirklichen lassen, indem man die Anforderungen in kleinen Schritten von Jahr zu Jahr anhebt. Dann könnte man evtl. in 20 oder 25 Jahren wieder einen brauchbaren Standard erreicht haben. Allerdings würde das auch bedeuten, wenn man sich einmal die unten beschriebene Begabungsverteilung ansieht, daß die Zahl derjenigen, die einen Abschluß der höchsten Schulform erreichen, erheblich abnimmt, was jedoch bei der vorgeschlagenen Differenzierung kein Unglück sein muß.

Grundlagen der Gestaltung

Erkenntnisse der Persönlichkeitspsychologie

Grundlage jeder realitätsangemessenen Reform des Bildungs- und Ausbildungswesen müssen einerseits die psychophysische Persönlichkeit[7] der Lernenden, aber auch der Lehrenden, zum anderen die Gegebenheiten des jeweiligen Sozialkörpers sein. Und das heißt, daß ein finnisches Schulwesen anders aussehen muß als ein italienisches usw.. Zu diesem Zweck werfen wir zunächst einen Blick auf die Grund- und Wirkungsfaktoren der Persönlichkeit in Form einer übersichtlichen Zusammenstellung[8]:

Elemente	Aspekt	Komponenten
Pp Primitivperson {A} α- Emotionalität β- Triebhaftigkeit γ- Dismotorik δ- Emotionsleere	Sigmatik (Cy)	**nul- lebenspraktisches Wissen** α- lebensnahe Vielfalt β-vitale Tiefe γ- vitaler Wahn δ- vitale Verdrängungen
	Semantik (My)	**l- vitale Bedürfnisse** α- Sinnlichkeit β- Genußhaftigkeit γ- Suchthaftigkeit δ- Unsinnlichkeit
	Syntaktik (Ty)	**vl- lineare Vorstellfähigkeit**
	Pragmatik (Dy)	**z- Zyklothymie** α- Unmittelbarkeit β- Zykloidie γ- Hyperkinetik δ- Affektarmut
Rp Rationalperson {B} α- Vernünftigkeit β- Vernünftelei γ- Desorientierung δ- Irrationalität	Sigmatik	**gei- geistiges Wissen** α- gedankliche Vielfalt β- gedankliche Tiefe γ- mentaler Wahn δ- Theorieängste

[7] dazu vgl. Waszkewitz: Mensch und Gesellschaft, Stuttgart 2000.

[8] dazu vgl. Waszkewitz: Fortschritte und Entwicklungen, Datei 01Systeme, Stuttgart 2002

	Semantik	**g- geistige Bedürfnisse** α- Erkenntnisstreben β- Esoterik γ- Paranoia δ- Ungeistigkeit
	Syntaktik	**dk- Denkkanaltrennung**
	Pragmatik	**s- Schizothymie** α- Disziplinierung β- Schiziodie γ- Traumhaftigkeit δ- Steuerlosigkeit
Up Umweltperson {C} α- Weltzuwendung β- Prestigedrang γ- Narzißmus δ- Weltängste	Sigmatik	**pub- weltliches Wissen** α- gesellschaftliche Vielfalt β- Weltverstehen, -tiefe γ- Anerkennungswahn δ- Ausweichreaktionsformen
	Semantik	**w- weltliche Bedürfnisse** α- Öffentlichkeitwendung β- Beachtungssuche γ- Exhibitionismus δ- Anspruchsängste
	Syntaktik	**ff- Fingergeschick**
	Pragmatik	**e- Extraversion** α- Kontaktaktivität β- Auffälligkeit γ- Posieren δ- Umweltscheu
Üp Überichperson {D} α- Innenorientierung β- Egozentrizität γ- Ideologismus δ– Opportunismus	Sigmatik	**wel – Ideologiewissen** α- weltanschauliche Vielfalt β- Wertverstehen, -tiefe γ- ideologischer Wahn δ- Wertleere
	Semantik	**t- taxonomische Bedürfnisse** α- weltanschauliche Bindung β- Orthodoxie γ- Fundamentalismus δ- Neutralismus
	Syntaktik	**we- Willensenergie**
	Pragmatik	**j- Intraversion** α- Reserviertheit

		β- Isolation γ- Verfolgungsängste δ- Vereinsamungsängste
Kp Kulturperson {E} α- Idealismus β- Antifunktionalismus γ- Ritualzwänge δ- Funktionalismus	Sigmatik	**kus- Sozialwissen** α- kulturelle Vielfalt β- Kulturtiefe γ- kulturelle Verschrobenheit δ- Zweckfixierungen
	Semantik	**u- universale Bedürfnisse** α- Kulturbedürfnisse β- Schöngeistigkeit γ- Erneuerungssucht δ- Kulturängste
	Syntaktik	**vp- planare Formvorstellung**
	Pragmatik	**v- Versatilität** α- Agilität β- Schwärmerei γ- Verstiegenheit δ– Indolenz
Bp Beziehungsperson {F} α- Humanität β- Sentimentalität γ- paranoide Projektion δ- Kollektivdrang	Sigmatik	**ige- Humanwissen** α- menschliche Vielfalt β- humane Hintergründe γ- Sendungsideen δ- Selbstverdrängungen
	Semantik	**x- Individuationsbedürfnisse** α- Selbstverwirklichungsbedürfnis β- Singularisierung γ- Sendungswahn δ- Individuationsängste
	Syntaktik	**dp- Denkplastizität**
	Pragmatik	h- Conjunktivität α- Gefühlstiefe, Bindung β- Gemütsegoismus γ- Conjunktionsrituale δ- Gemütskälte
Gp Gestaltungsperson {G} α- Gestaltungsaktivität β- Aggressivität γ- Aggressionssucht	Sigmatik	**maf- Machtwissen** α- Führungs-, Gestaltungsvielfalt β- Führungshintergrund, -tiefe

δ- Aktionsangst		γ- Siegeswahnideen δ- verdrängte Gestaltungsideen
	Semantik	**b- Bewältigungsbedürfnis** α- Führungs-, Gestaltungsstreben β- Herrschsucht γ- Machthunger δ- Lenkungsängste
	Syntaktik	**fh- Handgeschick**
	Pragmatik	**a- Aktivität** α- Angriff, Durchsetzung β- Hitzigkeit γ- Aktionssucht δ- Inaktivität
Sp Sozialperson {H} α- Hingabe β- Schwächegefühle γ- Hilflosigkeit δ- Anpassungsängste	Sigmatik	**men- Anpassungswissen** α- soziale Vielfalt β- soziale Tiefe γ- soziale Wahnvorstellungen δ- Soziale Verdrängungen
	Semantik	**c- caritative Bedürfnisse** α- Beteiligungsdrang β- Verwöhnungsdrang γ- Rettungszwänge δ- Verständnislosigkeit
	Syntaktik	**wm- Willensmobilität**
	Pragmatik	**p- Pathik** α- empfänglich β- Nachgiebigkeit γ- Abhängigkeiten δ- Sprödigkeit
Ep Einstellungsperson {I} α- Sicherheit β- Bedenkenlosigkeit γ- Größenwahn δ- Lebensangst	Sigmatik	**wek- Werkwissen** α- Qualitätenvielfalt β- Qualitätstiefe γ- Qualitätsutopien δ- Qualitätenverdrängungen
	Semantik	**q- Qualitätsbedürfnisse** α- Qualitäts-, ästhetisches Streben β- Ästhetizismus γ- Qualitätssucht

		δ- Nivellierungszwang
	Syntaktik	**vk-kubische Vorstellung**
	Pragmatik	**m- Sanguinik** α- Optimismus β- Leichtfertigkeit γ- manisch δ- Kleinheitsgefühle
Op Ordnungsperson {J} α- Abwägen β- Schematismus γ- Beeinträchtigungswahn δ- Chaotismus	Sigmatik	**fos- Formalwissen** α- Ordnungsvielfalt β- Systemtiefe γ- verschrobene Ordnungsideen δ- verdrängte Ordnungsinhalte
	Semantik	**o- Ordnungsbedürfnisse** α- Systematisierungsdrang β- Regelstarre γ- Systemzwänge δ- Unordnung
	Syntaktik	**de-Denkelastizität**
	Pragmatik	**d- Melancholie,** α- Ernst, Tiefsinn β- Launen γ- Depression δ- Stimmungsflachheit
Fp Fortschrittsperson {K} α- Expansivität β- Überschwang γ- Konzeptchaos δ- Zukunftsängste	Sigmatik	**fot- Zukunftswissen** α- progressive Vielfalt β- exotische Tiefe γ- Progressionsutopismen δ- Veränderungsverdrängungen
	Semantik	**f- Bedürfnisse der Ferne** α- Bedürfnis nach Unbekanntem β- Nichtseßhaftigkeit γ- Neuheitensucht δ- Fremdenängste
	Syntaktik	**fk- Bewegungskoordination**
	Pragmatik	**k- Kaptation** α- Schwung β- Unrast γ- Eruptivität δ- Kaptationsangst
Tp Traditionsperson {L}	Sigmatik	**bog- Sicherheitswissen**

α- Bewahrung β- Sturheit γ- Stupor δ- Wurzellosigkeit		α- ökonomisch-traditionelle Vielfalt β- Selbstverständlichkeitentiefe γ- zwanghafte Selbstverständlichkeiten δ- Gewohnheitenunterdrückung
	Semantik	**n-Bedürfnisse der Nähe** α- Vertrautheitssuche β- Gestrigkeit γ- negativistisches Kleben δ- Vertrauenslosigkeit
	Syntaktik	**wk- Willenskonstanz**
	Pragmatik	**r- Retention** α- Unbeirrbarkeit β- Verfestigung γ- Haltungsstarre δ- Hinreißbarkeit

Jeder dieser Faktoren kommt findet sich bei jeder Persönlichkeit, allerdings jeweils in individueller Ausprägungsstärke.

Begabungsfakten

Ganz wichtig für die Gestaltung sind für die Gestaltung des Bildungs- und Ausbildungswesens vor allen Dingen die vorhandenen Begabungsstrukturen (syntaktischen Komponenten) und ihre Entwicklung. Und diesen wollen wir uns also zunächst widmen. Eines der ersten Maßsysteme der Begabungsforschung war der IQ oder Intelligenzquotient, den W. Stern einführte. Er ergibt sich aus

100 mal Intelligenzalter/ Lebensalter

Da die Intelligenz, auch die Denkfunktionen ihre Entwicklung mit etwa 14-18 Jahren abschließen - nicht zu verwechseln mit der Fertigkeit, das vorhandene Potential anzuwenden -, ist die Verwendung des IQ nur bis zu diesem Alter sinnvoll, denn später muß danach der IQ ständig sinken. Aus diesem Grunde verwenden die meisten Intelligenztests nicht den IQ, sondern den SW oder Standardwert. Dieser baut auf dem Mittelwert einer Normalverteilung auf, der gleich 100 gesetzt wird. Das heißt zugleich, daß sowohl der arithmetische Mittelwert als auch der Median 100 betragen. Dann hat man es bei < SW 70 mit Schwachsinnigen und bei > 135 mit Genialen[9] zu tun. Studien an Vertretern der Genialen zeigen, daß auch Standardwerte von 180 und mehr erreicht werden. Wo aber ist die Grenze, die allem Biologischen innewohnt? Darüber hinaus tritt das Problem auf, daß derartige SW-Skalen für alle Aufgabenarten, aber auch für unterschiedliche Altersstufen erstellt werden müssen. Das heißt aber zugleich, daß wir es hier mit sehr relativen Werten zu tun haben. Theoretisch ist ein solcher Ansatz sicher nicht haltbar, wenn er sich auch praktisch bewähren mag. Aus diesem Grunde habe ich vorgeschlagen, die Komponenten der Funktionen mit einer einheitlichen Skala von 1 bis 9 zu messen. Geschieht das, so kann man die von jeweils drei Komponenten gebildeten Grundfunktionswerte errechnen. Folgt man der bei Intelligenztests üblichen Methode, so müßte man diese Werte addieren. Berücksichtigt man, daß es sich um unterschiedliche Komponenten (qualitative Unterschiede) handelt, kann eine Addition zu einem einheitlichen Wert - wie bei Meter und Sekunde - nicht erlaubt werden. Das weist daraufhin, daß eine multiplikative Verknüpfung anzusetzen ist, wie an anderer Stelle geschehen[10] .

Dafür spricht zudem, daß ein Ausfall einer Komponente die Effektivität der zugehörigen Grundfunktion mehr beeinträchtigt, als die Addition darstellen würde. Gehen wir z.B. davon aus, daß wir die prozentuale Effektivität dadurch ermitteln, daß wir das Resultat der Verknüpfung der Werte der Komponenten durch den Maximalwert dieser Verknüpfungen dividieren, erhalten wir bei der Addition z.B.

(7+7+1)/27= 14/27 = 0,5185 oder 51,85 % also einen etwas über dem Mittel liegenden Wert.

Bei einer Multiplikation folgt (7*7*1)/729= 49/729= 0,0672 oder 6,72%, was den Beobachtungen der Psychiatrie besser entspricht. Ähnlich stellen wir fest, daß Menschen, bei denen eine Komponente deutlich übermittel entwickelt ist, wesentlich größere Effekte erzie-

[9] dieser Terminus erscheint mir nicht unbedingt glücklich

[10] B. Waszkewitz: Fundamente der theoretischen Psychologie S. 51f, Frankfurt 1993

len als dieses bei Verwendung des additiven Verfahrens deutlich wird:

additiv	multiplikativ
(5+5+9)/27: 66,67%	(5*5*8)/729: 27,43%,

bei Mittelwerten von:

additiv	multiplikativ
(5+5+5)/27 : 55,56%	(5*5*5)/729: 17,15%

also Verhältnissen von:

additiv	multiplikativ
1: 1,20	1:1,60

Dieser prozentuale Effektivitätswert entwickelt allerdings nach obenhin eine Steigerung, die verdächtig erscheint. Verfolgt man die Leistungen und Effekte genauer, so erkennt man, daß e-Funktionen hier eine große Rolle spielen, letztlich handelt es sich ja auch um einen Übergang, wenn auch mehr um einen virtuellen. Ausgehend von der Idealnorm ergäbe sich in etwa die Form:

Funktionalwert FW= 100*e$^{-(1-\text{Effektivitätsgrad})}$

also

FWa =100* $e^{((a+b+c)/27)-1}$ bzw. FWm= 100*$e^{(a*b*c/729)-1}$

für den **Funktionalwert**(a=additiv, m=multiplikativ) der Grundfunktionen.

Bei Verwendung dieser Funktionswerte ergibt sich ein unterer Grenzwert von etwa 36,79 auf einer Idealskala von 0 bis 100. Das weist gleichzeitig daraufhin, daß Menschen unterhalb dieses Wertes nicht „existieren", während die klassische Betrachtungsweise selbst auf einer Normalskala Werte bis hinunter auf Null oder nahe Null zuläßt, an die sicher kein existierendes Lebewesen herankommt, denn dann könnte es nicht mehr existieren. Das wird besonders deutlich, wenn man einmal die Häufigkeitsverteilungen für additive und multiplikative Verknüpfungen aufstellt und miteinander vergleicht. Hierzu eignen sich dann vor allem die Angaben zu den Minima, Maxima, Mittel- und Zentralwerten. Dabei muß man ferner unterscheiden, ob die Fähigkeitspotentiale V, I, F und W oder aber die ihnen zugrundeliegenden Komponenten normal verteilt sind. Während die meisten Intelligenzforscher eine Normalverteilung der Intelligenz als Ganzes voraussetzen, müßte man - falls man von Anlagebedingtheit ausgeht - eine Normalverteilung der Komponenten und nicht der Fähigkeitspotentiale ansetzen. Das Ergebnis sieht dann wie folgt aus:

FW-Werte				
Fähigkeitsnormalverteilung - (ganze Stufen)	Max.	Min.	arithm. Mittel	Median
additiv	100	41,11	64,96	64,12
multiplikativ	100	36,84	44,41	41,05
Komponentennormalverteilung				
multiplikativ	100	36,83	42,29	43,37

Daraus ergeben sich folgende Umsetzungen in die Grundskala von 1-9:

additive Verknüpfung bei gleicher Komponentenhäufigkeit			
Bedeutungen	**Skala**	**Wahrscheinlichkeit**	**FW-Wert**
Mangel an Fähigkeit	1	0,00274	~36,00 bis~41,00
wenig Fähigkeit, Schwachsinn	2	0,03155	~41,01 bis~46,00
unterdurchschnittl. Fähigkeit	3	0,10974	~46,01 bis~52,50
knapp durchschnittl. Fähigkeit	4	0,21811	~52,51 bis~59,00
durchschnittliche Fähigkeit	5	0,27572	~59,01 bis~67,00
gut durchschnittl. Fähigkeit	6	0,21811	~67,01 bis~75,50
überdurchschnittl. Fähigkeit	7	0,10974	~75,51 bis~85,50
hohe Befähigung	8	0,03155	~85,51 bis 95,00
sehr hohe Befähigung(ideale)	9	0,00274	~95,01 bis100,00
multiplikative Verteilung bei gleicher Häufigkeit der Komponenten			
Bedeutungen	**Skala**	**Wahrscheinlichkeit**	**FW-Wert**
Mangel an Fähigkeit	1	0,0039	~36,74 bis ~37,60
wenig Fähigkeit (Schwachsinn)	2	0,0313	~37,61 bis ~38,60
unterdurchschnittl. Fähigkeit	3	0,1093	~38,61 bis ~39,80
knapp durchschnittl. Fähigkeit	4	0,2188	~39,81 bis ~41,70
durchschnittliche Fähigkeit	5	0,2734	~41,71 bis ~44,40
gut durchschnittl. Fähigkeit	6	0,2188	~44,41 bis ~47,75
überdurchschnittl. Fähigkeit	7	0,1092	~47,76 bis ~51,70

hohe Befähigung	8	0,0313	~51,71 bis ~58,50
sehr hohe Befähigung(ideale)	9	0,0039	~58,51 bis 100,00
multiplikative Verknüpfung bei Normalverteilung der Komponenten			
Bedeutungen	**Skala**	**Wahrscheinlichkeit**	**FW-Werte**
Mangel an Fähigkeit	(1)	0,000019	36,74 bis 36,69
wenig Fähigkeit(Schwachsinn)	(2)	0,0047	36,70 bis 37,58
unterdurchschnittl. Fähigkeit	(3)	0,0690	37,59 bis 39,02
knapp durchschnittl. Fähigkeit	(4)	0,2862	39,03 bis 41,69
durchschnittl. Fähigkeit	(5)	0,4017	41,70 bis 46,22
gut durchschnittl. Fähigkeit	(6)	0,2168	46,23 bis 53,62
überdurchschnittl. Fähigkeit	(7)	0,0211	53,63 bis 65,62
hohe Befähigung	(8)	0,0005	65,63 bis 85,42
sehr hohe(ideale)Befähigung	(9)	0,0000011	85,43 bis 100

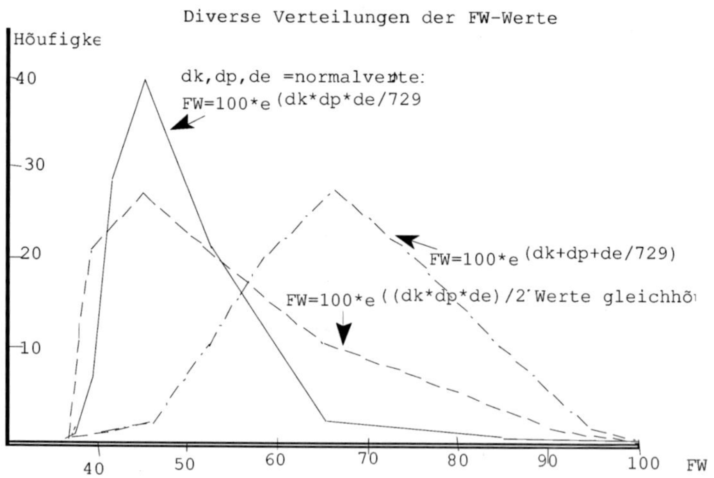

Geht man davon aus, daß unter Berücksichtigung der Beobachtungstatsachen sowie der biologischen Erkenntnisse eine Normalverteilung der Komponenten vorliegen muß, so ist die letzte Bedeutungstafel diejenige, die am ehesten zutrifft. Das heißt aber zugleich, daß der arithmetische Mittelwert der Fähigkeiten tiefer liegt als der Zentralwert, etwa bei 44% der Fälle. Das bedeutet, daß etwa bei 56% der Bevölkerung das einzelne Fähigkeitspotential über dem Mittelwert liegt, was bei den Anforderungen der heutigen Umwelt für die Menschen lebensnotwendig ist. Allerdings ist der Mittelwert von FW relativ gering, so daß selbst dieser Vorteil nicht sehr viel in einer immer komplexer werdenden Umwelt wiegt.

Noch eine weitere Beobachtungs- und Grundtatsache wird durch die Ergebnisse statistischer Simulationsrechnungen gestützt, nämlich daß bei der anzunehmenden Normalverteilung der voneinander linear unabhängigen Komponenten einer Grundfunktion das Potential der Grundfunktion nicht mehr eine Normalverteilung darstellen wird. Das wird besonders deutlich, wenn man sich die Verteilungskurven (s.o.) aufzeichnet.

Bei näherer Betrachtung der Kurve für FW= $e^{((a*b*c/729)-1)}$ zeigt sich, daß der Funktionspotentialwert für viele Fälle annähernd gleich ist. Zugleich wird bei einem Vergleich mit der Kurve FW= $e^{((a+b+c)/27)-1}$ deutlich, daß höhere Potentialwerte sehr viel seltener sind:

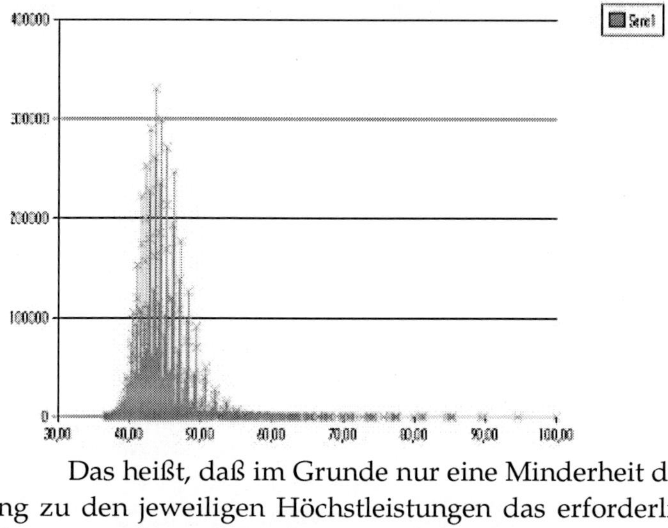

Das heißt, daß im Grunde nur eine Minderheit der Bevölkerung zu den jeweiligen Höchstleistungen das erforderliche Potentialniveau mitbringt. Das ist zwar einleuchtend, doch fällt es Menschen, die weniger begabt sind, oft schwer, sich das einzugestehen. Das zehrt am Selbstgefühl. Sobald es sich etwa um manuelle und physische Fähigkeiten handelt, wird diese Tatsache weitgehend anerkannt, oft auch soweit Vorstellfähigkeiten in Frage stehen, etwa in technischen Berufen. Sobald es aber um das meistens fälschlich als Intelligenz bezeichnete Denkpotential oder um Willens- und Bewußtheitspotentiale geht, legt sich so etwas wie ein Tabuvorhang über das Geschehen. Damit bleibt dann allerdings die Frage zu beantworten, warum gerade in dieser Hinsicht in der Praxis so wenige herausragen, wie es die vorstehende Graphik der Verteilung erkennen läßt.

Es ist also höchstens 1/3 % der Bevölkerung in der Lage, höchsten Ansprüchen in einer Funktion gerecht zu werden, etwa insgesamt 3,5% sehr hohen und etwa insgesamt 15% überdurchschnittlichen. Für alle vier Grundbegabungspotentiale[11] zugleich naturgemäß noch geringere Anteile. Daraus ergeben sich einschneidende Folgerungen für die Gestaltung von Bildungs- und Ausbildungswesen, aber auch der Berufswelt, wenn nicht ein großer Teil der Bevölkerung beschäftigungslos werden soll.

Betrachten wir nun nicht nur die einzelnen Grundfunktionen, sondern die Gesamtheit des syntaktischen Aspektes, so taucht die Frage auf, wie das Gesamtpotential T zu ermitteln ist, dem die sog. Intelligenzforschung nachspürt. Der Potentialwert FW_T ergibt sich, da wiederum unabhängige Größen wirksam sind und die Grundfunktionspotentiale verschiedene Dimensionen aufweisen sicher auch nicht additiv. Machen wir auch hier einen multiplikativen Ansatz, so können wir davon ausgehen, daß die höheren Werte noch unwahrscheinlicher werden als bei den einzelnen Grundfunktionspotentialen. Dennoch wird man hierbei nicht mehr auf eine e-Funktion zur Berechnung übergehen müssen. Vielmehr dürfte die Verwendung des geometrischen Mittels den Tatsachen gerecht werden, denn sind alle 4 Werte gleich, so bleibt die Gesamtbefähigung auf dem jeweiligen Level. Fällt dagegen ein Funktionswert ab,

[11] V= Vorstellfähigkeiten; I= Denkfähigkeiten, F= Fertigungsfähigkeiten, W= Willensfähigkeiten

so sinkt der Level insgesamt, und zwar auch dann, wenn die Summe aller Potentiale dabei gleich bleibt. D.h., es ist auszugehen von:

$$\mathbf{TW= (FW_1*FW_2*FW_3*FW_4)^{0.25}}$$

Zugleich bedeutet dieses, daß bei der Ermittlung der Begabungseffektivitäten mit Hilfe von Aufgabenreihen die Testwerte, also die Werte der Aufgabenreihen untereinander multiplikativ zu verknüpfen sind.

Eine Orientierung zwischen Skalenwerten, FW- und IQ-Angaben möge die folgende Tabelle erleichtern:

Skala	FW	IQ	Skala	FW	IQ	Skala	FW	IQ
1,00	36,84	0	3,60	39,22	64	6,20	51,01	134
1,10	36,86	3	3,70	39,43	67	6,30	51,84	136
1,20	36,88	7	3,80	39,66	70	6,40	52,71	138
1,30	36,90	10	3,90	39,91	73	6,50	53,62	140
1,40	36,93	13	4,00	40,16	75	6,60	54,57	142
1,50	36,96	17	4,10	40,44	78	6,70	55,58	144
1,60	37,00	20	4,20	40,72	82	6,80	56,63	146
1,70	37,04	21	4,30	41,03	86	6,90	57,73	148
1,80	37,08	23	4,40	41,35	90	7,00	58,89	150
1,90	37,14	24	4,50	41,69	92	7,10	60,11	152
2,00	37,19	25	4,60	42,04	94	7,20	61,39	155
2,10	37,26	27	4,70	42,42	96	7,30	62,73	157
2,20	37,33	30	4,80	42,81	98	7,40	69,30	160
2,30	37,41	32	4,90	43,23	100	7,50	65,62	165
2,40	37,49	34	5,00	43,67	103	7,60	67,18	170
2,50	37,58	35	5,10	44,13	107	7,70	68,81	175
2,60	37,69	37	5,20	44,61	110	7,80	70,54	180
2,70	37,79	40	5,30	45,12	113	7,90	72,35	185
2,80	37,91	43	5,40	45,66	117	8,00	74,25	190
2,90	38,04	45	5,50	46,22	120	8,10	76,26	195
3,00	38,18	50	5,60	46,81	122	8,20	78,37	200
3,10	38,32	53	5,70	47,43	124	8,30	80,60	205
3,20	38,48	55	5,80	48,08	126	8,40	82,95	210

3,30	38,65	57	5,90	48,76	128	8,50	85,42	215
3,40	38,83	60	6,00	49,47	130	8,60	88,03	220
3,50	39,02	62	6,10	50,23	132	8,70	90,78	225
						8,80	93,69	230
						8,90	96,76	245
						9,00	100,00	250

Für die Gestaltung des Bildungs- und Ausbildungswesens bedarf es naturgemäß auch des Wissens um den Entwicklungsverlauf der einzelnen Begabungskomponenten und –funktionen.

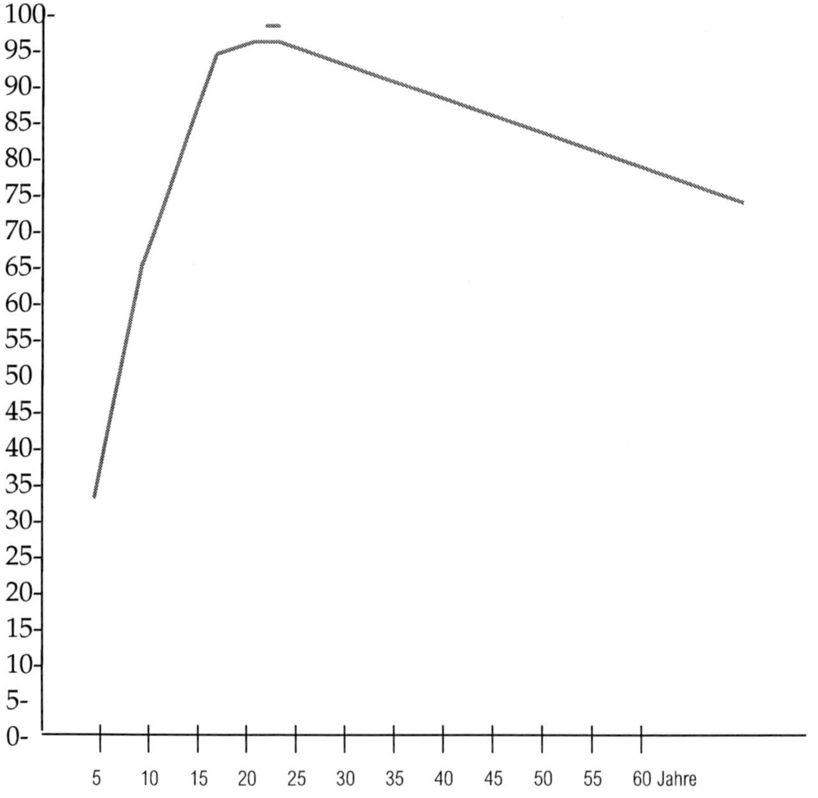

Dazu liegen zur Zeit nur wenig konkrete Angaben aus der Forschung vor. Lediglich hinsichtlich der sog. Intelligenz findet man einige Hinweise, etwa in der obigen Entwicklungskurve. Diese Angabe findet sich etwa bei Aiken.[12] Und das bedeutet, daß mit dem Fordern und Fördern recht früh begonnen werden muß.

Wir haben nun schon eine Fülle von Erkenntnissen aus den Verknüpfungen der Komponentenwerte zu den Funktionswerten gewonnen. Diese rein quantitativ beschriebenen Ergebnisse bedürfen nun aber einer qualitativen Betrachtungsweise. Dabei könnte man wiederum bei rein formalen Angaben stehen bleiben, was aber sicher Laien und Fachleute anderer Wissenschaftsrichtungen und besonders Pädagogen und Bildungspolitiker unbefriedigt lassen würde. So müssen wir die formalen Ergebnisse dann sprachlich beschreiben oder besser noch umschreiben, da nur eine annähernde Darstellung mit Hilfe der Sprache möglich ist. Um bei alledem den Umfang nicht über Gebühr zu erweitern und auch die Möglichkeiten der Sprache nicht zu überziehen, beschränken wir uns in diesem Abschnitt auf je drei Abstufungen pro Komponente, nämlich auf die Werte 2, 5 und 8. Da dabei der Denkfähigkeit sicher das größte Interesse der Leser gilt, wollen wir mit den Denkfunktionen anfangen, wobei wir von selbstverständlich von einer Normalverteilung der Komponenten ausgehen.

dkdedp FW	**Denkfähigkeiten**
222 = 37,19	mangelnde Denkfähigkeit bei Mangel an Unterscheidungsgabe, Einfällen und Kombinationsfähigkeit, Eintönigkeit und Stumpfheit
225 = 37,81	wenig Denkfähigkeit bei Mangel an Unterscheidungsgabe und Einfällen sowie einiger geistiger Beweglichkeit, oberflächliche Kombination
228 = 38,44	wenig Denkfähigkeit bei Mangel an Unterscheidungsgabe und Einfällen sowie vielseitiger Verknüpfung, flache Scheingeistigkeit
252 = 37,81	wenig Denkfähigkeit bei Mangel an Unterscheidungsgabe und Beweglichkeit sowie einiger Einfälle, unkritische Intuition
255 = 39,40	unterdurchschnittliche Denkfähigkeit bei einigen Einfällen und einiger geistiger Beweglichkeit ohne nennenswerte Unterscheidungsgabe, Alltagsdenken
258 = 41,05	knapp durchschnittliche Denkfähigkeit, geschickte Handhabung des Bekannten bei mangelnder Unterscheidungsgabe, unkritisches routinehaftes Denken

[12] vgl. L. R. Aiken: Assessment Of Intellectual Funktioning, S. 343; 1987 Newton.

282 = 38,44	wenig Denkfähigkeit bei Mangel an Unterscheidungsgabe und Kombination, aber Einfallsfülle, sporadisches unkritisches Denken
285 = 41,05	knapp durchschnittliche Denkfähigkeit bei Einfallsfülle und einiger Beweglichkeit sowie Mangel an Unterscheidungsgabe, flüchtiges und sprunghaftes Denken
288 = 43,85	durchschnittliche Denkfähigkeit mit Einfallsreichtum und vielseitigen Verknüpfungen bei geringer Unterscheidungsgabe, unkritisches Phantasiedenken
522 = 37,81	wenig Denkfähigkeit bei klarer Unterscheidung, jedoch ohne viel Einfälle und Beweglichkeit, einspuriges begrenztes Urteilen
525 = 39,40	unterdurchschnittliche Denkfähigkeit bei klarer Unterscheidung und einiger Beweglichkeit ohne viel Einfälle, einspuriges Alltagsdenken
528 = 41,05	knapp durchschnittliche Denkfähigkeit bei klarer Unterscheidung, vielseitiger Verknüpfung, aber wenig Einfällen, geschicktes, aber einspuriges Alltagsdenken
552 = 39,40	unterdurchschnittliche Denkfähigkeit bei klarer Unterscheidung und einigen Einfällen, ohne Beweglichkeit, lineares Alltagsdenken
555 = 43,67	durchschnittliche Denkfähigkeit bei klarer Unterscheidung, einigen Einfällen und einiger Beweglichkeit, gehobenes Alltagsdenken
558 = 48,40	überdurchschnittliche Denkfähigkeit mit vielseitiger Verknüpfung bei klarer Unterscheidung und einigen Einfällen, klares und gewandtes Denken
582 = 41,05	knapp durchschnittliche Denkfähigkeit mit Einfallsreichtum, klarer Unterscheidung, aber ohne Beweglichkeit, lineares Phantasiedenken
585 = 48,40	überdurchschnittliche Denkfähigkeit mit Einfallsreichtum, einiger Unterscheidungsgabe und Beweglichkeit, bewegliches und phantasievolles Denken
588= 57,06	hohe Denkfähigkeit mit vielseitigen Verknüpfungen und Einfallsreichtum bei einiger Unterscheidungsgabe, vielseitiges, einfallsreiches Denken
822 = 38,44	wenig Denkfähigkeit bei guter Unterscheidungsgabe, aber Mangel an Einfällen und Beweglichkeit, einseitiges, begrenztes kritisches Denken
825 = 41,05	knapp durchschnittliche Denkfähigkeit bei guter Unterscheidungsgabe und einiger Beweglichkeit, jedoch ohne nennenswerte Einfälle, scharfes, bewegliches Alltagsdenken
828 = 43,58	durchschnittliche Denkfähigkeit bei guter Unterscheidungsgabe und vielseitiger Verknüpfung, jedoch ohne nennenswerte Einfälle und Adaption, scharfes und gewandtes Denken in gewohnten Inhalten und Formen
852 = 41,05	knapp durchschnittliche Denkfähigkeit bei guter Unterscheidungsgabe, einigen Einfällen bei Mangel an Beweglichkeit, lineares kritisches Denken
855 = 48,40	überdurchschnittliche Denkfähigkeit bei guter Unterscheidungsgabe, einigen Einfällen und einiger Beweglichkeit, kritisch-analytisches Denken

858	= 57,06	hohe Denkfähigkeit bei guter Unterscheidungsgabe, einigen Einfällen und vielseitiger Verknüpfung geschicktes kritisches Denken
882	= 43,85	durchschnittliche Denkfähigkeit bei guter Unterscheidung, Einfallsfülle, aber Mangel an Beweglichkeit, phantasievolles und kritisches Einfallsdenken
885	= 57,06	hohe Denkfähigkeit bei guter Unterscheidungsgabe, Einfallsfülle und einiger Beweglichkeit vielseitiges phantasiereiches Denken
888	= 74,25	sehr hohe Denkbefähigung mit guter Unterscheidungsgabe, Einfallsfülle und vielseitiger Verknüpfung, vielseitiges vernetztes Denken

Selbst bei einer solchen, für eine sprachliche Darstellung nötigen Einengung erkennt man, wie unterschiedliche Denkweisen und Denkfähigkeiten bei unterschiedlicher Verteilung der Begabungskomponentenausprägung ausgebildet sein können. Zugleich fällt dabei noch deutlicher auf, daß unter und um mittlere Funktionswerte liegende Personen sich viel eher untereinander verständigen können, als solche mit höheren Funktionswerten, für deren Denken jenen mit niederen Werten jede Verstehensmöglichkeit abgehen wird. Dieses bestätigt die ständige Erfahrung im alltäglichen Umgang miteinander. Ähnliches gilt für die Willens-, die Fertigungs- und die Vorstellungsfunktion.

Diese Unterschiede haben aber nichts mit sog. Begabungsrichtungen zu tun, etwa mit sprachlicher, mathematischer, praktischer oder theoretischer Begabung, worauf noch zurückzukommen sein wird.

Von seiten der Pädagogik sowie der Lern- und Intelligenzforschung sind immer wieder Unterschiede der Denkarten und Denkstile in die Diskussion gebracht worden. So wird hier zwischen praktischem und theoretischem Denken, zwischen musischem und technischem, mathematischem und rechnerischem Denken usw. unterschieden. Man geht dabei vielfach davon aus, daß es sich um verschiedene Intelligenzarten handelt. Das verlangt allerdings zusätzliche Grundannahmen, was dem Satz von Ockham widersprechen würde, wenn es eine einfachere Erklärung gäbe. Zudem widerspricht die Annahme derartiger unterschiedlicher Intelligenzarten dem Experiment. Mierke hat mehrfach in seinen Vorlesungen über Versuche der deutschen Marinepsychologen vor 1945 berichtet, in denen es in vielen Fällen gelang, sog. rein theoretisch Begabten gleich gute praktische Begabungen „anzuerziehen", ebenso umgekehrt. Er vertrat die Auffassung, daß es sich folglich nicht um besondere Intelligenzfaktoren handeln könne, sondern lediglich um eine von anderen Dimensionen der Persönlichkeit bestimmte Nutzungsbevorzugung der an sich farblosen Intelligenz handeln müsse. Die Dienstleistungsfunktion[13] Denken wird danach in ihrem Einsatz von den Dimensionen der anderen Aspekte, also Inhalten, Bedürfnissen und dynamischen Strukturen bestimmt und einmal mehr in diese, einmal mehr in jene Richtung gelenkt. In gleicher Weise ist der Einsatz der übrigen syntaktischen Funktionen zu sehen. Dadurch bilden sich naturgemäß bestimmte Anwendungsschwerpunkte der Funktionen im Laufe der Zeit heraus, aus denen man aber nicht schließen darf, daß es sich hierbei um eigene Komponenten syntaktischer Art handelt. Man muß sich vergegenwärtigen, daß die syntaktischen Komponenten Werkzeugcharakter haben, wie Klages es ausdrückt. Die folgende Übersicht läßt erkennen, daß diese Intelligenzrichtungen sich ohne weiteres aus Kombinationen pragmatischer bzw. semantischer Komponenten mit dem Denkpotential erklären lassen, wenn wir den Realteil bzw. Imaginärteil der semantischen und pragmatischen Resultantendimensionen in starker =y bzw. schwacher =(y) Ausprägung mit dem Denkpotential I verknüpfen:

+z	anschauliches, emotionales Denken
+iz	primitives Augenblicksdenken, magisches Denken
(+z)	nüchternes, sachliches Denken
(+iz)	starres, trockenes Denken
+s	rationales, vernünftiges Denken
+is	eingeengtes, schematisches, formalistisches Denken
(+s)	einfaches, alltägliches Denken
(+is)	unkritisches, naives, undiszipliniertes Denken
+v	sprühendes, sprudelndes Denken

[13] So bei Rohracher und auch bei Heiß und Klages

+iv	unstetes, unruhiges Denken
(+v)	gelassenes, stetiges Denken
(+iv)	träges, unanregbares Denken
+h	gefühls- und gemütsbetontes Denken
+ih	subjektives, unsachliches, ichbezogenes Denken
(+h)	unabhängiges, kühles, sachliches Denken
(+ih)	kaltes, gefühlsleeres Denken ohne soziale Bezüge
+m	optimistisches, ideenreiches globales Denken
+im	manisches, oberflächliches und selbstunkritisches Denken
(+m)	nüchtern-sachliches Denken
(+im)	unsicheres, zaghaftes Denken
+d	ernstes, besinnliches Denken
+id	ängstliches, übervorsichtiges Denken
(+d)	unbefangenes, lässiges Denken
(+id)	flaches Denken ohne Tiefgang
+e	außengewandtes Denken, sog. Kontaktintelligenz
+ie	Denken in Effekten, Anspruchsdenken
(+e)	Denken ohne Umweltbeziehungen
(+ie)	scheues, weltfremdes Denken
+j	distanziertes Denken, Denken im eigenen System
+ij	isoliertes,, ichbezogenes und egozentrisches Denken
(+j)	unbefangenes, offenes und ungezwungenes Denken
(+ij)	abstandsloses, von äußeren Einwirkungen abhängiges Denken
+a	selbständiges, eigenwilliges Denken
+ia	aggressives, herrisches Denken
(+a)	lenkbares Denken ohne Eigenwilligkeiten
(+ia)	abhängiges Denken, ohne Mut zum Eigenen
+p	anpassendes, empfängliches Denken
+ip	beeinflußbares Denken
(+p)	unbeeinflußbares Denken
(+ip)	unempfängliches, unanregbares Denken
+k	unternehmerisches, dynamisches Denken
+ik	unruhiges, hitziges, explosives Denken
(+k)	bedachtsames, ruhiges Denken
(+ik)	lahmes, adynamisches Denken
+r	beharrliches, bestimmtes und eindeutiges Denken

+ir	prinzipienhaftes, eigensinniges und negativistisches Denken
(+r)	schweifendes, flexibles Denken
(+ir)	unstetes, unbestimmtes, verwaschenes Denken
+l	lebenspraktisches, organisches Denken
+il	triebhaftes, kreatürliches Denken
(+l)	asketisches, mechanistisches Denken
(+il)	lebensfremdes, naturfernes Denken
+g	wissenschaftliches, philosophisches Denken
+ig	spekulatives, weltfremdes Denken
(+g)	einfaches, unkompliziertes, alltägliches Denken
(+ig)	physiognomisches, magisches, unwissenschaftliches Denken
+u	kulturelles, historisches und sprachliches Denken
+iu	antifunktionelles, schöngeistiges, verspieltes Denken
(+u)	funktionelles, zweckbetontes Denken
(+iu)	kulturabweisendes, „zivilisatorisches" Denken
+x	humanes, humanistisches Denken
+ix	subjektives, individualistisches, egozentrisches Denken
(+x)	sachbetontes, unpersönliches Denken
(+ix)	kollektivistisches, inhumanes Denken
+q	musisches, ästhetisches, künstlerisches Denken
+iq	schwärmerisches, ätherisches Effektdenken
(+q)	zweckorientiertes, quantitatives Denken
(+iq)	reines Nützlichkeits- und Profitdenken
+o	organisierendes, systematisierendes und formales Denken
+io	bürokratisches, schematisches Schablonendenken
(+o)	intuitives unsystematisiertes Zufallsdenken
(+io)	chaotisches, ungeordnetes Denken
+w	weltzugewandtes, gesellschaftsbezogenes Denken
+iw	posierendes Effekt- und Prestigedenken
(+w)	unauffälliges, gesellschafts- und effektunabhängiges Denken
(+iw)	unengagiertes, „privates" Denken ohne Umweltbezug
+t	weltanschaulich- und wertbestimmtes Denken, religiöses Denken
+it	ideologistisches, fanatisches und orthodoxes Denken
(+t)	liberales, freiheitliches und unvoreingenommenes Denken
(+it)	neutralistisches, amoralisches, relativierendes Denken
+b	konstruktives und gestaltendes Herrschaftsdenken

+ib	verletzendes, zerstörendes Vernichtungsdenken
(+b)	rücksichtsvolles, folgsames Denken
(+ib)	subalternes, nachbetendes Denken
+c	soziales, Bestehendes fortführendes Denken
+ic	ausführendes, nachvollziehendes und beeinflußbares Denken
(+c)	asoziales(nicht anti), unabhängiges Denken
(+ic)	antisoziales, freies und unansprechbares willkürliches Denken
+f	progressives entwickelndes Fortschritts- und Zukunftsdenken
+if	abenteuerliches, veränderungssüchtiges Denken
(+f)	beschauliches, gegenwartsbezogenes Denken
(+if)	fortschrittsfeindliches, änderungsfeindliches Denken
+n	sicherheitsbezogenes, auf Bekanntes, Vertrautes gerichtetes Denken
+in	prinzipienhaftes, gewohnheits- und vorurteilsbezogenes Denken
(+n)	variables, unfestgelegtes offenes Denken
(+in)	entwurzeltes Augenblicksdenken ohne Bezugssystem

Man muß also sowohl inhaltliche Schwerpunkte als auch unterschiedliche Verlaufsformen des Begabungseinsatzes bedenken, wobei insbesondere die Inhaltsasusrichtungen, aber kaum die Verlaufsformen pädagogisch zu beeinflussen sind.

Der maßgebende Sozialkörper

Wie schon angedeutet, kann man Bildungskonzeptionen immer nur in Bezug zur Gesellschaft, ihren Zielen, Vorstellungen und Strukturen erstellen, denn diese Gesellschaft muß das Konzept ja absegnen und weitgehend finanzieren. Und wenn die entscheidenden Mitglieder, die die Gesellschaft repräsentieren, selbst vielleicht nicht recht wissen, was die Gesellschaft wünscht und verträgt, dann wird die Akzeptanz des Neuen von den Menschen, den Eltern, Schülern und Lehrern, zeigen, was machbar und was nicht machbar und durchsetzbar ist. Es erscheint aber wesentlich, daß die Gestalter, die Entwickler der Bindungs- und Ausbildungssysteme sich von dem bestimmenden Sozialkörper schon vorher ein möglichst klares und differenziertes Bild machen. Das verlangt allerdings auch ein Beschreibungsmodell für solche Sozialkörper, etwa wie das nachstehende:

Elemente	*Aspekt*	*Komponenten*
Pw- Vitalsituation α- natürliche β- impulsive γ- triebhaft δ- leer	Sigmatik	ulw-lebenspraktische Inhalte *α-lebensnahe Inhalte* *β-lebensnaher Hintergrund* *γ- vitale Wahnvorstellungen* *δ- verdrängte Vitalinhalte*
	Semantik	lw- vitale Trends *α- Erlebnisnähe* *β- infantil-übersteigertes Tun* *γ- suchthafte* *δ- Erlebnisflucht*
	Syntaktik	Vlw: Machtgradient
	Pragmatik	zw: Zyklothymie *α- unmittelbar* *β- überschwenglich* *γ- hyperkinetisch* *δ- impulslos*
Rw - Vernunftsituation α- gesetzlich β- schematisch-eng γ- unlebendig-formal δ- disziplinlos-wirr	Sigmatik	eiw- geistige Inhalte *α- gedanklich-wissenschaftl. Inhalte* *β- gedankliche Hintergründe* *γ- utopische Wahninhalte* *δ- geistige Verdrängungen*
	Semantik	gw- geistige Trends *α- erkenntnistheoretische* *β- spekulative, neugierige* *γ- paranoide* *δ- geistfremde, -feindliche*
	Syntaktik	dkw- Konformität
	Pragmatik	sw: Schizothymie *α- diszipliniert, überlegt* *β- schematisch, eingeengt* *γ- verwirrt, weltfremd* *δ- steuerlos, abhängig*

Uw- Umweltsituation α- berührungsintensiv β- ansehensintensiv γ- hysterisch δ- berührungsängstlich	Sigmatik	uiw: weltliche Inhalte *α- gesellschaftliche Lebensinhalte* *β- weltliche Hintergründe* *γ- weltliche Wahnideen* *δ- weltliche Verdrängungen*
	Semantik	ww- weltliche Trends *α- Öffentlichkeit, Weltlichkeit* *β- Prestige, Geltung* *γ- Beachtungssucht* *δ- Öffentlichkeitsangst*
	Syntaktik	ffw- Feinfühligkeit
	Pragmatik	ew- Extraversion *α- kontaktaktiv* *β- ansprüchig* *γ- narzißtisch* *δ- kontaktgehemmt*
Üw- Wertsituation α- wertgebunden β- wertfixiert γ-ideologisch, zwanghaft δ- neutralistisch	Sigmatik	elw – Ideologieinhalte *α- weltanschauliche Inhalte* *β- weltanschauliche Hintergründe* *γ- ideologische Wahnideen* *δ- ideologische Verdrängungen*
	Semantik	tw- taxonomische Trends *α- weltanschauliche Bindungen* *β- weltanschauliche Fixierungen* *γ- Ideologiewahn* *δ- neutralistische Gehemmtheit*
	Syntaktik	wew-Entscheidungskonfor-mität
	Pragmatik	jw- Intraversion *α- reserviert* *β- isoliert* *γ- Flucht-, Totstellreflexe* *δ- zudringlich*
Kw- Kultursituation α- idealistisch β- schwärmerisch γ- ekstatisch δ- indolent	Sigmatik	usw- Kulturinhalte *α- kulturelle, sprachliche Inhalte* *β- kulturelle Hintergründe* *γ- verschrobene kulturelle Inhalte* *δ- kulturelle Verdrängungen*

	Semantik	uw- kulturelle Trends *α- kulturelle Betonung* *β- schöngeistige Ausrichtung* *γ- A-Funktionalismus* *δ- Kulturängste*
	Syntaktik	vpw- Klassenvielfalt
	Pragmatik	vw- Versatilität *α- agil, sprühend* *β- unruhig, unstet* *γ- ekstatisch* *δ- gehemmt, träge*
Bw- Beziehungssituation α- bindungsintensiv β- sentimental γ- schwülstig δ- gefühllos	Sigmatik	gew- Humaninhalte *α- menschliche Inhalte* *β- menschliche Hintergründe* *γ- Sendungswahnformen* *δ- humane Verdrängungen, Tabus*
	Semantik	xw- Individuationstrends *α-Selbstverwirklichungsbedürfnis* *β- Absonderungsbedürfnisse* *γ- Ichwahn* *δ- Ichzweifel*
	Syntaktik	dpw- Klassendurchlässigkeit
	Pragmatik	hw- Conjunktivität *α- gefühlstief* *β- romantisch* *γ- ichhafte Gefühle* *δ- bindungsgehemmt*
Gw- Gestaltungssituation α- aktiv, bestimmend β- beherrschend, γ- unterdrückend, δ- subaltern,	Sigmatik	afw- Machtinhalte *α- Führungs-,Gestaltungsinhalte* *β- Gestaltungshintergründe* *γ- Bewältigungswahnideen* *δ- Machtverdrängungen*
	Semantik	bw- Bewältigungstrends *α-Führungs-,Gestaltungsstreben* *β- Unterdrückungsstreben* *γ- Zerstörungssucht* *δ- Gestaltungsängste*
	Syntaktik	fhw- Codevielfalt

	Pragmatik	aw- Aktivität *α- angreifend, durchsetzend* *β- aggressiv-heftig* *γ- rücksichtslos-streitsüchtig* *δ- aggressionsgehemmt*
Sw- Sozialsituation α- sozial, dienend, β- beeinflußbar γ- hilflos, verführbar δ- rigide	Sigmatik	enw- Anpassungsinhalte *α- soziale Inhalte* *β- soziale Hintergründe* *γ- Sozialutopien* *δ- Soziale Verdrängungen*
	Semantik	cw- caritative Trends *α- Beteiligungsdrang* *β- Fürsorgedrang* *γ- Betreuungssucht* *δ- Sozialängste*
	Syntaktik	wmw- Codekonformität
	Pragmatik	pw- Pathik *α- empfänglich* *β- beeinflußbar* *γ- haltlos* *δ- hingabegehemmt*
Ew- Situationseindruck α- erfolgversprechend β- locker zu meistern γ- verführerisch δ- deprimierend	Sigmatik	ekw- Werkinhalte *α- Qualitätsinhalte* *β- Qualitätshintergründe* *γ- Qualitätswahnvorstellungen* *δ- Qualitätenverdrängungen*
	Semantik	qw- Qualitätstrends *α- Qualitäts-, ästhetisches Streben* *β- Effektstreben* *γ- verschrobenes Effektstreben* *δ- Nivellierungsstreben*
	Syntaktik	vkw- Arbeitsteilungsgrad
	Pragmatik	mw- Sanguinik *α- optimistisch* *β- leichtfertig* *γ- manisch* *δ- verängstigt*

Ow- Organisationslage α- geordnet, systematisch β- kleinlich-formal γ- starr-formalistisch δ- chaotisch	Sigmatik	osw- Formalinhalte *α- Ordnungsinhalte* *β- Ordnungshintergründe* *γ- verschrobene Ordnungsformen* *δ- verdrängte Ordnungsformen*
	Semantik	ow- Ordnungstrends *α- Systematisierungsdrang* *β- Schematisierungsdrang* *γ- Ordnungszwänge* *δ- Ordnungsängste*
	Syntaktik	dew- Rollenabgrenzung
	Pragmatik	dw-Melancholie, *α- ernst, tiefsinnig* *β- verdrossen, mißmutig* *γ- depressiv-leer* *δ- getrieben-flüchtig*
Fw- Handlungssituation α- expansiv, handelnd β- unstet, abenteuerlich γ- hektisch, utopistisch δ- lahm, ängstigend	Sigmatik	otw- Zukunftsinhalte *α- Zukunftsinhalte* *β- Zukunftshintergründe* *γ- utopistische Wahninhalte* *δ- Zukunftsverdrängungen*
	Semantik	fw- Expansionstrends *α- Bedürfnis nach Unbekanntem* *β- Abwechslungssuche* *γ- Abenteuersucht* *δ- Veränderungsängste*
	Syntaktik	fkw- Handlungsvielfalt tK
	Pragmatik	kw- Kaptation *α- schwungvoll* *β- hektisch-cholerisch* *γ- eruptiv* *δ- kaptativ gehemmt*
Tw- Sicherheitslage α- ungefährdet β- fixiert-gezwungen γ- stur-erstarrt δ- gefährdet	Sigmatik	ogw- Bewahrungsinhalte *α- ökonomisch-traditionelle Inhalte* *β- Sicherheitshintergründe* *γ- lokale Wahnvorstellungen* *δ- Sicherheitsinhaltsverdrängungen*

	Semantik	nw- Bewahrungstrends *α- Vertrautheitssuche* *β- Absolutheitssuche* *γ- Stabilitätssucht* *δ- Ängste vor dem Üblichen*
	Syntaktik	wkw-Handlungskonformität
	Pragmatik	rw- Retention *α- unbeirrbar* *β- stur-phlegmatisch* *γ- negativistisch* *δ- retentiv gehemmt*

Da unsere Sprache nur wenig treffende Ausdrücke für soziale Strukturen und Verhältnisse besitzt, ist es für Bildungspolitiker sicher nicht ganz einfach, aus der schlagwortartigen Übersicht immer die nötigen Schlüsse zu ziehen. In der folgenden Übersicht findet der Leser daher nähere Angaben zu den Elementen- und Komponentenzuständen, soweit sie ausgeprägt sind:

Pw: Vitalstruktur[14]
γ: **Triebhaftigkeit,** *Motor Disturbances* motorische Störungen, bizarre Haltungen, Hyperkinese; Primitivismen, Echopraxien, pervertierte Genußsucht, Zurück-zur-Natur- Wahn,
δ: **Leere,** *emotionale Gehemmtheit,* Welt hat keinen Aufforderungscharakter, natürliche und unmittelbare Reaktionen sind nicht möglich, Starre, Leere, Impulslosigkeit, Affektarmut, ängstliche Genußunfähigkeit, die Welt verliert für die Gruppe den Aufforderungscharakter zum Handeln und vor allem zum aktiven Erleben, zu affektiver Assimilation; es bilden sich Starre, Leere, Impulslosigkeit und Affektarmut.
β: **Impulsivität,** *Genußstreben,* Kreatürlichkeit des Erlebens, unkritische Unmittelbarkeit, Genießernaturell, Eindrucksabhängigkeit des Erlebens, übertriebene Genußwünsche,
α: **Natürlichkeit,** *Emotionalität,* Natürlichkeit und Unmittelbarkeit des Erlebens, aus dem Emotionalen heraus erleben, Anschauungsnähe, Alltagsnähe, Genußfähigkeit, Zyklothymie, Seele, physiologische und vitale Bedürfnisse, praktische Ausrichtung,
γzw: **hyperkinetisches** und primitives Verhalten, evtl. verbunden mit

[14] zu den atavistischen Grenzformen sei auf Lorr verwiesen, s. Arnold/Eysenck/Meili: Lexikon der Psychologie, Freiburg 1987, Stichwort Psychose

Echopraxien, groteske und bizarre Bewegungsformen
δ*zw:* **Impulslosigkeit,** die Welt verliert den Aufforderungscharakter zum Handeln und vor allem zum aktiven Erleben, zu affektiver Assimilation; es bilden sich Starre, Leere und Affektarmut
β zw: **überschwenglich**, augenblicksabhängig, impulsive Reaktionsweisen
α zw: **unmittelbar**, initiativ, emotional, ursprünglich, natürlich wirkendes Verhalten
γ lw: **suchthaft,** verschrobene, pervertierte Genußwünsche, Suchtformen des Genusses
δ lw: **Erlebnisflucht,** bei der körperliche, organische, sensuale und vitale Genußwünsche nicht entfaltet werden; das führt zu Desinteresse am lebendigen und sinnlichen Geschehen und zur Ausbildung von Genußunfähigkeit im Vitalen aus Angst.
β lw: Erlebnisabhängigkeit, Genußhaftigkeit, Genußstreben, übertriebene vitale Neigungen
α lw: **Erlebnisnähe,** praktische Bestrebungen, vitale und physiologische Neigungen und Strebungen
vlw: **Machtgradientensteilheit,** Machtfülle von oben
γulw: **vitale Wahninhalte**, Zurück-zur-Natur-Wahn
δulw: **verdrängte vitale,** physiologische sinnenhafte Inhalte
βulw: **vertiefte vitale**, lebensnahes und praxisnahes Hintergrundwissen
αulw: **lebenspraktische Einzelkenntnisse** und lebensnahe Erfahrungen
Rw: Vernunftstruktur
γ: **starr-formalistisch,** *Disorientation,* Desorientierung, funktionale Desorientierung hinsichtlich Zeit und Ort, es kann zur Unfähigkeit kommen, Menschen wiederzuerkennen, paranoide Neugier, Gefühl durch das Schweigen anderer Gruppen ausgeschlossen zu werden, esoterische Wahnvorstellungen,
δ: **disziplinlos-wirr,** *rationale Gehemmtheit,* es fehlt der Bezug zu Ordnungen und Regeln, Züge neurotischer Verwahrlosung treten hervor, Irrationalität, Unvernunft, Augenblicksabhängigkeit, Uninteressiertheit, Angst vor eigener Neugier,
β: **schematisch-eng** *Vernünftelei,* Neigung zu eingeengtem Formalismus, Züge von Schablonenhaftigkeit, Enge, Intellektualismus, weltfremde Spekulationen,
α: **rational,** *Vernünftigkeit,* Überlegung, Selbstdisziplin, Steuerung und kritische Haltung, Geistigkeit, intellektuelle, theoretische Ausrichtung,
γ sw: **verwirrt, weltfremd,** herabgesetztes Realitätsbewußtsein, traumhaftes und nebelhaftes Erleben,
δ sw: **steuerlos,** die vernunftbestimmte Steuerung wird nicht herausgebil-

det; es bilden sich Steuer- und Disziplinlosigkeit, Augenblicksabhängigkeit, Unvernunft
βsw : **eingeengt-verkrampft,** Verregelung, Schablonisierung, Schematismus
αsw : **verhalten,** Rationalität, Überlegung, planvoll, kritisch, diszipliniert
γ gw: **paranoide Neugier**, verschrobener Informationsdrang, die Gruppe fühlt sich durch das Schweigen anderer ausgeschlossen und hat das Gefühl, die anderen ließen sie auflaufen
δ gw: **geistfremd, -feindlich,** die Ausbildung geistiger Bedürfnisse und Interessen wurde verhindert; es fehlt an Informationsdrang und natürlicher Neugier, es wird kein Wert auf Wissen und Bildung gelegt und es entsteht eine gedankliche Uninteressiertheit
β gw: **neugierig,** weltfremde Neigungen, spekulative, intellektualistische Neigungen
α gw: **erkenntnistheoretische,** theoretische **Neigungen,** ideelle, geisteswissenschaftliche Neigungen
dkw. **Konformität,** Einheitlichkeit und Kohäsionsstärke
γeiw: **utopistische Wahnvorstellungen**, idealistische, weltferne, esoterische Zwangsideen
δeiw: **verdrängte Gedanklichkeit**, ohne Ideale und theoretische Hintergründe
βeiw: **vertieftes gedankliches Rüstzeug,** geistige Hintergrundinhalte
αeiw: **gedanklich-wissenschaftliche Einzelinhalte**, geistiges Vielwissen
Uw: Umweltbeziehung
γ : **hysterisch,** *Excitement,* Erregungszustand mit beschleunigter Sprache, laut, schwer zu unterbrechen, erhöhte Stimmungslage und Selbstwertschätzung, ungezügelter und schauspielerischer Ausdruck, hysterische Reaktionen, Selbstbespiegelungen, narzißtische Reaktionen, exhibitionistische Zwänge,
δ **berührungsängstlich,** *Zuwendungsgehemmtheit,* Umweltangst, Scheu, Kontakthemmungen in dinglicher und menschlicher Hinsicht, Öffentlichkeitsscheu, Aussteigermentalität, Anspruchsängste, es bildet sich keine aktive Zuwendung zur Welt und Umwelt heraus; Isolierungstrends, Kontaktscheu und Kontakthemmungen werden deutlich.
β **anspruchsintensiv,** *Darstellungsdrang* Prestige- und Statusdrang, will auf sich aufmerksam machen und dadurch Beziehungen zur Umwelt gewinnen, Geltungsdrang,
α **berührungsintensiv** *Weltzuwendung* extravertiertes Verhalten, sucht Gesellschaft und Öffentlichkeit, wendet sich der Welt zu, Aufgeschlossenheit, Geselligkeitsbedürfnisse, Selbstschätzungsbedürfnisse,

γ ew: **narzißstisch,** Selbstbespiegelungen, hysterische Reaktionen, selbstbezogene Umweltassimilation
δ ew: **kontaktgehemmt,** es bildet sich keine aktive Zuwendung zur Welt und Umwelt heraus; Isolierungstrends, Kontaktscheu und Kontakthemmungen werden deutlich.
β ew: **anspruchig,** auffällig, darstellerisch, aufgeblasen
α ew: **kontaktaktiv,** Außenorientierung, Kontaktoffenheit
γ ww: **Beachtungssucht,** verschrobene Welt. und Öffentlichkeitssucht, hysterische Selbstdarstellungssucht, exhibitionistische Zwänge
δ ww: **Öffentlichkeitsangst,** Bedürfnisse der Weltzuwendung und der erlebenden Teilnahme der Welt konnten nicht entfaltet werden; ängstliches Desinteresse gegenüber Öffentlichkeit, Gesellschaft und Welt, Anspruchsängste, Öffentlichkeitsscheu und Aussteigertendenzen sind die Folge.
β ww: **Geltungsstreben,** Prestigeverlangen, Statusdrang
α ww: **Öffentlichkeitszuwendung,** Weltlichkeit, gesellschaftliche Neigungen
ffw: **Differenz Omnium,** Einfühlungsfähigkeit, Taktgefühl
γuiw: **weltlich orientierte Wahnvorstellungen** zur eigenen Bedeutung
δuiw: **Verdrängung weltlicher Realitäten,** Weltfluchtideen, Angst vor vielen Menschen und weiten Räumen
βuiw : **fundierte gesellschaftliche,** weltliche u. öffentliche Hintergründe
αuiw : **vielerlei gesellschaftliche** Einzelinhalte
Üw: Weltbewertung
γ **ideologische Zwänge** ‚*Anxious Depression* ängstliche Verstimmung, von unbestimmter Angst, aber auch bestimmten Sorgen wird berichtet, die Stimmung ist dysphorisch bei gleichzeitigen Selbsterniedrigungstendenzen, zusätzlich sind Schuldgefühle und Gewissensbisse über wirkliche oder eingebildete Verfehlungen zu beobachten, Verfolgungsängste, inadäquate Fluchtreaktionen, totstellreflexartige Mechanismen, Unheimlichkeitsaffekte, Gerechtigkeitszwänge, religiöses Eiferertum,
δ: **Neutralismus,** *integrative Gehemmtheit :* Verlust der inneren Orientierung, fehlende Werthaltungen und Distanz, Abhängigkeit von Außenlenkung, fehlende Fluchtdistanz, Angst vor dem Alleinsein, rücksichtslose Aufdringlichkeit, Neutralismus, Relativismus, Opportunismus, areligiös, amoralisch, es entwickelt sich keine Fluchtdistanz, die Orientierung aus sich heraus bleibt verschlossen; es bilden sich rücksichtslose Aufdringlichkeit und Angst vor dem Alleinsein, die Welt wird affektiv nicht integriert.
β: **Wertfixierungen,** *Egozentrizität* bezieht alles auf sich, übertriebene Schamgefühle und Gewissensreaktionen, Unfreiheit, Isolierung, Abkapselung, übermäßige Verschlossenheit, orthodoxe und fanatische ideologische

Haltungen,
α: **Wertbindungen** *Innenlenkung* orientiert sich an inneren Wertvorstellungen, wahrt Abstand und Distanz, Intraversion, Streben nach Werten, ideologische Bedürfnisse, religiöse Bedürfnisse, ethische Vernünftigkeit, Bewußtheitsklarheit,
γ jw: **Fluchtzwänge,** Verfolgungsängste, inadäquate Fluchtreaktionen, totstellreflexartige Mechanismen, Unheimlichkeitsaffekte
δ jw: **Zudringlichkeit,** es entwickelt sich keine Fluchtdistanz, die Orientierung aus sich heraus bleibt verschlossen; es bilden sich rücksichtslose Aufdringlichkeit und Angst vor dem Alleinsein, die Welt wird affektiv nicht integriert
β jw : **Isolation,** Verbergen, Verstecken, unfrei, befangen
α jw : **Reserviertheit,** Zurückhaltung, Verhaltenheit, Distanzierung,
γ tw: **ideologischer Wahn,** verschrobene, irreale Wertbedürfnisse, ideologische Zwänge und Verabsolutierungen, Gerechtigkeitszwänge, religiöses Eiferertum
δ tw : **neutralistische Gehemmtheit**, das Wertstreben wurde nicht ausgebildet; Angst vor der Entwicklung eigener bzw. Übernahme fremder Wertsysteme und Bewertungen führt zu Neutralismus, Relativismus, Areligiosität, Amoralität und Opportunismus.
β tw : **Orthodoxie,** weltanschaulich fixiert, Engstirnigkeit, ideologistisch, frömmelnd, illiberal
α tw: **ethisch gebunden**, weltanschaulich festgelegt, Werthaltung,
wew : **Alternativenwahlkonformität,** Entscheidungskonformität
γelw: **ideologische Wahnvorstellungen,** religiöse, weltanschauliche Wahnvorstellungen, verschrobene Wertmaßstäbe
δelw: **ideologische Verdrängungen,** Neutralismus, Amoralität
βelw: **fundierte ideologische Konzeption**, weltanschauliches Hintergrundwissen,
αelw : **ideologisches Einzelwissen,** vielerlei weltanschauliche Kenntnisse und Erfahrungen
Kw: Kulturbeziehung
γ **ekstatisch,** *Obsessional Phobic,* phobischer Zwang mit unkontrollierbaren Handlungen und Ritualen, wiederkehrende ungewollte Ideen, halluzinäre, rauschhafte Zustände, kultureller Sendungswahn, Kulturaposteltum, Maschinenstürmerei,
δ: **indolent,** *Gefühlsreaktionsgehemmtheit:* Verlust der Mitte, Funktionalismus, Angst vor Kultur und lebhaften Gefühlen, Gefühlsträgheit, nicht zu begeistern, Unfähigkeit vorhandene Bindungen zu lösen, gefühlshaftes Kleben, interesselos gegenüber Sprache, Kultur etc., Zweckfunktionalis-

mus, geht mit einem Verlust der gefühlsmäßigen Äußerungsfähigkeit als Basis der inneren Assimilation sozialer Verbindungen einher,
β: **schwärmerisch,** *Illusionen,* übersteigerte, unstete Gefühlsäußerungen, Ästhetizismus, zweckentfremdete Schöngeistigkeit, Antifunktionalismus,
α: **idealistisch,** *Äußerungsleichtigkeit,* kulturelle Orientierung, Lebhaftigkeit der sozialen, kulturellen und sprachlichen Äußerungen, Gefühlslebhaftigkeit, Wachsamkeit, kulturelle Bedürfnisse, schöngeistige Bedürfnisse, Formensinn
γ vw: **ekstatisch,** halluzinäre Zustände, illusionäre, rauschhafte Schwärmereien
δ vw: **äußerungsträge,** geht mit einem Verlust der gefühlsmäßigen Äußerungsfähigkeit als Basis der inneren Assimilation sozialer Verbindungen einher, so daß sich keine Begeisterungsfähigkeit bilden kann;
βvw: **unstet,** erregbar, Geschwätzigkeit, Schwärmerei, unruhige Reaktionen
αvw: **agil**, sprühend, lebhaft, begeistert
γ uw: **A-Funktionalismus,** verschrobener Kulturfanatismus, kultureller Sendungswahn, Bilderstürmerei, Maschinenstürmerei, Kulturaposteltum, Kultur-Erneuerer
δ uw: **Kulturängste:,** führt dazu, daß sich kein Interesse an Kultur, Sprache und Werden der Gesellschaft herauszubilden vermag, so daß häufig Zweckfanatismus, Kulturabwehr und Überbetonung des Zivilisatorisch-Funktionellen erscheinen.
β uw : **Schöngeistigkeit,** Kulturschwärmerei, Antifunktionalismus
α uw: **Kulturgebundenheit,** Idealismus, historische Neigungen
vpw : **innere Vielfältigkeit, Klassenvielfalt**
γ usw: **Universalwahnideen,** verschrobene kulturelle, historische Inhalte, Sprachverschrobenheiten
δ usw: **reine Zweckinhalte** infolge von Kulturabwehr und Kulturängsten; Kulturbanausentum
β usw: **umfassendes, hintergründiges Kulturwissen,** fundierte Kenntnisse und Erfahrungen in historischer, sprachlicher und kultureller Hinsicht
α usw: **kulturelle und sprachliche Einzelkenntnisse und –erfahrungen**
Bw: Bindungsstruktur
γ: **Schwülstigkeit**, *Paranoid Projection* Verfolgungswahn mit ungerechtfertigten fixen Ideen, die Personen aus der Umgebung aggressive, verfolgerische und kontrollierende Absichten zuschreiben, verschrobene, auf die eigene Gruppe gerichtete Bindungen, Hundeheimweh, Sendungswahn, dabei sich von anderen verfolgt fühlen,
δ: **Gefühllosigkeit,** *Humanitätsängste:* Angst vor dem Menschlichen, vor

Partnerschaften und Bindungen, aber auch vor der Eigenprägung, Rückzug ins Kollektive, Züge der Kälte und Unpersönlichkeit, fehlende innere Bindungen, betonte Sachlichkeit als Sublimation,
β: **Sentimentalität,** _Romantik,_ Gefühlchen, Gefühlsduselei, Gemütsegoismus, Singularisierung, in-group-Betonung,
α: **bindungsintensiv,** _Humanität,_ Gefühlstiefe und Bindungsfähigkeit verbunden mit Eigenständigkeit des gefühlsmäßigen Erlebens, Bedürfnis nach Selbstbestimmung und Selbstverwirklichung in dem Zusammenleben mit anderen Gruppen,
γ hw: **Gefühlsegozentrizität,** verschrobene, auf die eigene Gruppe gerichtete Bindungen, etwa in Form des krankhaften Hundeheimwehs
δ hw: **Bindungsgehemmtheit,** Fehlen sozialer Bezogenheit und Bindungen zu anderen Sozialkörpern, was als Kälte und Gemütsarmut erscheinen kann.
β hw: **Romantik,** in-group-Bindung der Gefühle, Gefühlssentimentalität
α hw: **Wärme,** Gefühlstiefe, Bindungstiefe, Sensitivität
γ xw: **Sendungswahn,** verschrobene „Selbstverwirklichungs"wünsche, Gruppenerhebungszwänge,
δ xw: **Selbstzweifel,** Verselbständigungstendenzen wurden nicht entfaltet; kollektivistische Neigungen aus Angst vor dem Selbstsein sowie überbetonte Sachlichkeit als Substitutionserscheinung treten hervor
β xw: **Singularisierung,** Vereinzelung, Absonderungsneigungen
α xw: **Verselbständigungsstreben im Sinne der Eigenprägung,** in-group-Individuation ohne
dpw: **Durchlässigkeit,** Lockerheit, Kastenfreiheit, innere Beweglichkeit
γ gew: **Sendungswahnideen,** größenwahnähnliche Inhalte, Auserwähltseinvorstellungen
δ gew: **Humanitätsverdrängungen,** Dehumanitätsvorstellungen, Deindividuationsvorstellungen,
β gew: **fundierte psychologische Kenntnisse und Erfahrungen,** menschliche Hintergrundinhalte
α gew: **psychologische Einzelkenntnisse und –erfahrungen,** menschliche und gefühlsmäßige Einzelinhalte
Gw: Gestaltungsstruktur
γ: **Zerstörung,** _Hostile Belligerence_ aggressive Streitsucht, bei der Beschwerden über Aggressivität und Ressentiment gegen andere üblich sind; die Schuld an Schwierigkeiten und Versagen wird anderen gegeben, Selbstzerfleischungs- und –zerstörungsreaktionen, verschrobene Macht- und Herrschaftssüchte,
δ **Subalternität,** _Machtängste:_ Gestaltungsgehemmtheiten, Aggressionsge-

hemmtheiten, Bewältigungsgehemmtheiten, Angst, anderen ins Gehege zu kommen, Angst vor dem Sichdurchsetzen, Nichtentfaltung aktiven Handelns in größeren sozialen Bezügen
β **Hitzigkeit,** *Beherrschung* Machtwünsche, Züge von Herrschsucht und Aggressivität, Schärfe der Reaktionen, Machenwollen um jeden Preis,
α **Bestimmung,** *Gestalten* Aktivität des Gestaltens und Machens, aber auch der Durchsetzung, Führungs- und Lenkungsdrang, Leistungsbedürfnis,
γ aw: **Streitsucht,** Aggressivität gegen die eigene Gruppe, Selbstzerfleischungsreaktionen
δ aw: **Aggressionsgehemmtheit,** Nichtentfaltung aktiven Handelns in sozialen Bezügen, wodurch Selbstdurchsetzung und Angriffslust verlorengehen, es entsteht ständige Angst, anderen Gruppen ins Gehege zu kommen oder sie zu verletzen.
β aw: **Aggressivität,** Heftigkeit, Schärfe der Reaktionen
α aw: **Aktivität,** angreifend, durchsetzend,
γ bw: **Machtterror,** Zerstörungszwänge, verschrobene Macht- und Herrschaftsbedürfnisse ohne Rücksicht auf die eigene Gruppe
δ bw: **Gestaltungsängste,** bei denen keine gestaltenden und konstruktiven Bedürfnisse entfaltet wurden; es entwickeln sich keinerlei Macht- und Führungsansprüche, kein sozialer Ehrgeiz, männliche und gestaltende und führende Rollen machen Angst und werden daher abgelehnt.
β bw: **Unterdrückungsstreben,** Überwältigungs- und **Ma**chtstreben
α bw: **Führungsstreben,** Gestaltungs-, Lenkungs-, Leitungs-, Bestimmungs-, Bewältigungsstreben
fhw : **Codedifferenziertheit,** Ausdrucksvielfalt nach innen und außen
γ afw: **Bewältigungswahn,** verschrobene Macht-, Blut-, Zerstörungs- und Terrorinhalte
δ afw: **verdrängte Macht- und Führungswünsche,** unterdrückte und gestaute Gestaltungsvorstellungen, wagt keine Gedanken dahingehend
β afw: **fundierte Lenkungsinhalte,** Gestaltungs- und Steuerungs-Hintergrundinhalte
α afw: **Gestaltungseinzelwissen und –erfahrungen**, Einzelinhalte zu Lenkungs- und Steuerungsthemen
Sw: Sozialstruktur
γ: **Hilflosigkeit,** *Functional Impairment* Funktionale Schwäche mit Beschwerden über die Unfähigkeit, sich zu konzentrieren, zu arbeiten oder Entscheidungen zu treffen; Interesse an anderen Gruppen, Menschen und Sozialem ist herabgesetzt oder fehlt, Verführbarkeits- und Hingabezwänge; Zwang, Unbrauchbares zu erhalten;
δ: **Rigidität,** *Sozialängste:* Angst vor der Anpassung an soziale Gegeben-

heiten, Neigung zu unangemessenem Freiheitsdrang und Selbstherrlichkeit, unsensibel, vertrauenslos in sozialer Hinsicht, Angst vor sozialen Aufgaben, vor Helfen, Hegen und Pflegen, Anpassungsunfähigkeit,
β: **Beeinflußbarkeit,** *Abhängigkeit* Nachgiebigkeit, erdrückende Fürsorge, die keinen echten Halt und keine wirkliche Hilfe gibt, die zur Beherrschung anderer führt, Herrschen durch Schwäche,
α: **Dienstbereitschaft,** *Hingabe* soziale Bedürfnisse, Engagement in der Gemeinschaft, Anpassung, Beeindruckbarkeit, Hegen und Pflegen, soziale Anpassung,
γ pw: **Haltlosigkeit,** Nachgiebigskeitszwänge, Verführbarkeits- und Hingabezwänge
δ pw: **Hingabegehemmtheit**, Nichtentfaltung von Beeindruckbarkeit und Sensibilität – besonders im Umgang mit der sozialen Umwelt - , Vertrauenslosigkeit, Anpassungsunfähigkeit, Mangel an Lösung, Lockerheit und Entspannung.
β pw: **Nachgiebigkeit**, Beeinflußbarkeit, Verführbarkeit, Weichheit,
α pw: **Empfänglichkeit,** pathisch, beeindruckbar, sensibel, hingabefähig
γ cw: **Betreuungssucht,** verschrobenes Sozial- und Pflegebedürfnis, muß auch dort helfen, wo keine Hilfe gebraucht wird, Unbrauchbares zu retten und zu erhalten, ist die Gruppe innerlich gezwungen
δ cw: **Soziałängste,** bei der keine sozialen und caritativen Bedürfnisse ausgebildet werden; diese Gruppen können weder andere Gruppen, Menschen noch Gegenstände hegen und pflegen, geschweige denn Verständnis für sie entwickeln.
β cw: **Fürsorgedrang,** Mitläufertum, übertriebene Fürsorglichkeit, Bemutterungstrends bis zur Bevormundung
α cw: **Beteiligungsdrang,** Anpassungsneigung, Dienstbereitschaft, Helfenwollen, Pflegenwollen, pflegendes Erhalten, Serviceneigung
wmw: **Codekonformität**, Ausdruckskonformität nach innen und außen
γ enw: **Sozialutopien**, soziale Wahnvorstellungen, feministische Wahnideen und Verschrobenheiten, mütterlichkeitsideologische Wahninhalte
δ enw: **feminine, soziale Verdrängungen,** Angst vor weiblichen Inhalten, männliche Protestinhalte,
β enw: **fundierte soziale Hintergrundinhalte,** Dienst-, Service-, Anpassungs-, Pflege- und Wartungshintergrundinhalte
α enw: **Soziale Einzelkenntnisse und –erfahrungen,** Einzelinhalte aus den Bereichen des Dienens, Pflegens und der Wartung
Ew: Situationshaltung
γ: **Verführerisch-überheblich,** *Grandiosity* Größenwahn, eine Einstellung der Überlegenheit verbunden mit unberechtigten Gefühlen, über unge-

wohnte Kräfte zu verfügen; göttliches Sendungsbewußtsein kann ebenfalls beobachtet werden; Ideenflucht
δ: **deprimiert,** *Minderwertigkeitsgefühle:* manische Gehemmtheit, Lebensangst, Depressionen, depressive Verstimmungen, reine Nützlichkeitshaltungen, Quantitätssucht als Kompensation, Lebensangst,
β: **locker-selbstgewiß,** *Unbedenklichkeit* überhöhte Risikobereitschaft, Mangel an Selbstkritik, Hektik, Leichtfertigkeit,, Flüchtigkeit, Tollkühnheit, effekt- und äußerlichkeitsorientiert
α: **erfolgssicher,** *Sicherheit* Frische, Heiterkeit, sanguinisch, Selbstvertrauen, Wagemut, ästhetische Bedürfnisse, musische und künstlerische Bedürfnisse, Qualitätssinn, plastische Vorstellung,
γ mw: **Manie,** unruhige, hektische, ideenflüchtige Reaktionen, bei denen alles unabhängig von Realitäten durch die rosarote Brille betrachtet wird
δ mw: **Verängstigung,** Frische und Selbstvertrauen werden nicht ausgebildet, womit ein Verlust von Wagemut, Optimismus und Risikobereitschaft ebenso verbunden ist wie Lebensangst, Minderwertigkeitsgefühle und Depressionen.
β mw: **Leichtfertigkeit,** Unbedenklichkeit, , Flüchtigkeit, Oberflächlichkeit
α mw: **Optimismus,** Sicherheit, Selbstgefühl, , Frische, Heiterkeit
γ qw: **verschrobene Effektbedürfnisse**, Geschmacksverirrungen, Künstlerwahn, Qualitätswahn
δ qw: **Qualitätenverdrängungen,** es entsteht keine Beziehung zur Qualität und zu Qualitätsunterschieden; es besteht kein Interesse für Qualitäten und deren Wirkungen, für musische und ästhetische Phänomene, es wird aus Angst oft in eine reine Nützlichkeitseinstellung ausgewichen
β qw: **Effektbedürfnisse,** Kitsch, , Veräußerlichungen,
α qw: **Qualitätstrends,** ästhetische Bedürfnisse, Geschmack, Qualitätssinn, musisch, künstlerische Neigungen,
vkw : **Aufgabenvielfalt**, Funktionsvielfalt
γ ekw: **Qualitätswahnideen,** irreale Gütevorstellungen, verschrobene ästhetische Inhalte, bizarre Inhaltsformen
δ ekw: **verdrängte Qualitätsinhalte,** amusisch, Quantitätssucht, Kunstbanausentum
β ekw : **fundierte Qualitätsinhalte,** musische und ästhetische Hintergrundwelten
α ekw: **vielerlei Qualitätsinhalte,** musische und ästhetische Einzelheitenkenntnisse und –erfahrungen
Ow: Systemstruktur
γ: **starr-formalistisch,** *Perceptual Distortions* mit Wahrnehmungsstörungen, Erlebnisse unechter Wahrnehmungen in Form von Stimmen, die bedroh-

lich anklagen oder etwas fordern, Beeinträchtigungswahn, Verfolgungsängste, Hoffnungslosigkeit und verschrobene Schuldgefühle, hypochondrische Reaktionen, Kontroll- und Ordnungszwänge,
δ: **Chaotismus,** *Ordnungsängste*, Angst vor Ordnung, Systematik und Regeln, Mangel an Ernst und Besinnlichkeit, Flachheit, Verantwortungslosigkeit, Nachlässigkeit, Schlamperei, Flachheit, Verantwortungslosigkeit, Leichtsinn und lässige Tollkühnheit werden wirksam.
β: **kleinlich-formal,** *Pedanterie* Übervorsicht, Mißtrauen, Verdrossenheit, Mißmut, strenge, fixierte und wenig sinnvolle Ordnungsbildung, Listenführungsdrang, bürokratische Tendenzen und Verhaltensformen,
α: **geordnet,** *Abwägen* Besinnlichkeit, Besonnenheit, Systematik, Tiefsinn, Ernst, melancholisch, Ordnungsstreben, Streben nach Gliederung und Systematik, Organisationsdrang, intellektuelle Verknüpfungvielfalt,
γ dw: **Depression, Leere,** verschrobene Ängste, Verfolgungsängste, Interessenverlust, Hoffnungslosigkeit und verschrobene Schuldgefühle, hypochondrische Reaktionen
δ dw: **getrieben-flüchtig,** Ernst, natürliche Vorsicht und Besonnenheit werden nicht entfaltet; eine erhebliche Unfähigkeit zum Abwägen, Flachheit, Verantwortungslosigkeit werden wirksam
β dw: **Mißmut,** Verdrossenheit, Unlust, Übervorsicht, Pessimismus
α dw: **Ernst,** Verhaltenheit, Abwägen, Besonnenheit, Tiefsinn,
γ ow: **Ordnungsturbulenz,** Kontroll- und Ordnungszwänge, verschrobene wirklichkeitswidrige Pedanterien
δ ow: **Ordnungsängste,** die einer Ausbildung von Ordnungsbedürfnissen im Wege stehen, so daß keinerlei Beziehungen zum Systematischen, zu Organisationen herausgebildet werden; Schlamperei und Chaotismus sind die Folge.
β ow: **Schematisierungsdrang,** Pedanterie, Listenzwang, Schematismus, Regelabhängigkeit, Normen und -zwang
α ow: **Systematisierungsstreben,** Ordnungsstreben, Gliederungsstreben, Organisationsdrang
dew: **Rollenabgrenzung,** Funktionsabgrenzung, Kompetenzbegrenzung
γ osw: **verschrobene, realitätsfremde Ordnungs-** und Systemformen, bürokratische Zwänge, Ordnungswahn,
δ osw: **verdrängte Ordnungsinhalte,** chaotische Vorstellungen, desorganisierte und desorganisierende Inhalte, Ängste vor formalen Inhalten
β osw: **fundierte Ordnungs- und Systeminhalte,** Gliederungs- und Formalisierungshintergrundinhalte
α osw: **vielerlei Ordnungskenntnisse und –erfahrungen,** vielerlei einzelne Formalinhalte

Fw: Handlungsstruktur
γ: **Utopismus,** <u>*Conceptual Disorganisation*</u> Auffassungsstörungen, bei denen die Sprache weitschweifig und voller Neologismen, unzusammenhängend und ohne Bezug zu gestellten Fragen ist; hyperkinetische Störaktionen, Veränderungssucht, Nichtseßhaftigkeit,
δ: **Lahmheit,** <u>*Fremdheitsängste:*</u> Angst etwas zu unternehmen, Zukunftsängste, ängstliche Lahmheit und Mattheit, Furcht vor eigenem Handeln, Angst vor Neuem, Fremdem, Fernem und Unbekanntem. Symptome sind ängstliche Lahmheit, Mattheit, Furcht vor eigenem Tun.
β: **Unstetheit,** <u>*Überschwang*</u> Heftigkeit, Hitzigkeit, Abenteurertum, Betriebsamkeit, Geschäftigkeit, Abwechslungssucht, Neuheitensucht,
α: **Schwung,** <u>*Expansivität,*</u> Unternehmungsgeist, cholerisch, eifrig, dynamisch, Bedürfnisse nach Neuem und Veränderungen, Zukunftsstreben, progressiv, zielsichere motorische Koordination,
γ kw: **eruptiv,** groteske, situationsunangemessene Impulsivität, hyperkinetische Störaktionen
δ kw: **Kaptative Gehemmtheit,** unternehmerischer Ausgriff, schwungvolle Expansion werden nicht ausgebildet; Mattheit, Furcht vor eigenem Tun.
β kw: **hektisch-cholerisch,** Heftigkeit, Unruhe, Unstetheit, Geschäftigkeit
α kw: **Schwung,** Expansionsdrang, Eifer, Unternehmungslust,
γ fw: **Abenteuersucht**, Fortschrittswahn, Veränderungssucht, verschrobenes Fortschrittsbedürfnis, Nichtseßhaftigkeit
δ fw: **Veränderungsängste,** Bedürfnisse nach Entdecken, Veränderungen sind nicht ausgebildet; Angst vor dem Fernen, Fremden, Unbekannten, Fortschritt und vor der Zukunft beherrschen die Einstellung, allem Neuen und Fremden wird aus dem Wege gegangen
β fw: **Abwechslungssuche,** Wechselhaftigkeit, Abenteuersucht, Veränderlichkeit
α fw: **Unternehmungslust,** Fortschrittsdrang, Zukunftsorientierung, Neuheitensuche, Forschungsdrang,
fkw : **Handlungsvielfalt** nach innen und außen
γ otw: **Progressionswahnideen**, utopistische Zukunftsinhalte, irreale zwanghafte Vorstellungen von Fremden und Fernem
δ otw: **verdrängte Zukunftsinhalte,** verdrängte Progressionsinhalte, Fremdenphobien, verdrängte Fremdenvorstellungen
β otw : **fundierte Progressionsinhalte,** Hintergrundinhalte fremder, zukünftiger und ferner Art.
α otw : **Vielerlei einzelne Progressionsinhalte,** Einzelkenntnisse und –erfahrungen bezüglich zukünftiger Dinge, Phänomene und fremder und ferner Gegebenheiten

Tw: Sicherungsstruktur
γ: **Sturheit,** *Retardation* Verlangsamung von Sprache und Vorstellung, Erstarrung, Verminderung der motorischen Aktivität bis zur Blockierung, Apathie und Desinteresse an der Zukunft kommen hinzu, Stuporerscheinungen, negativistische Haltungen, Katzenheimweh, Zukunftsphobien,
δ: **haltloses Schwanken,** *Traditions- und Vertrautheitsängste,* Wurzellosigkeit, Mangel an Standpunkt, Mangel an Bodenständigkeit, kann nicht nein sagen, Flucht Gewohntem und Vertrautem, ängstliche Standpunktschwäche, Neinsagen wird unmöglich.
β: **Gezwungenheit,** *Fixiertheit* Verfertigung, Trotz, Abwehr, Unelastizität, Phlegma, Sturheit, Gewohnheitenverhaftung, Traditionsfixierung,
α: **Stabilität,** *Bewahrung* Festigkeit, Selbstbehauptung, Traditionsgebundenheit, Traditions- und Besitzbedürfnisse, ökonomische Bedürfnisse, Phlegma, Gelassenheit, Beharrung, Beständigkeit,
γ rw: **Negativismus,** akinetische Reaktionen, Stuporerscheinungen, negativistische Haltung
δ rw: **Retentive Gehemmtheit,** Festigkeit und Eigenwillen sowie Beharrungsvermögen werden nicht entfaltet; ängstliche Standpunktschwäche sowie wurzel- und haltloses Schwanken sind die Folge,
β rw: **phlegmatisch-träge,** Verfestigung, Trotz, Abwehr, Phlegma, Sturheit, Unelastizität, Monotonie, Gleichförmigkeit
α rw: **Unbeirrbarkeit,** Festigkeit, retentiv, stetig, gleichmäßig, ausdauernd, beständig, beharrlich,
γ nw: **Sicherungssucht,** verschrobene Sicherheitsbedürfnisse, Zukunftsphobien, krankhaftes Katzenheimweh, krankhaftes Kleben am Vergangenen
δ nw: **verdrängte Sicherheitswünsche,** Bedürfnisse nach Erhaltung und Bewahrung des Vorhandenen und Naheliegenden werden nicht ausgebildet; Traditionen, Gewohntes, Übliches werden abgelehnt, da sich Ängste vor dem Sicheren und Vertrauten herausgebildet haben.
β nw: **Absolutheitssuche,** Gewohnheitsmensch, traditionsabhängig, vergangenheitsorientiert,
α nw: **Vertrautheitssuche,** Sicherheitsstreben, traditionell, konservativ, ökonomisch,
wkw: **Handlungskonformität** nach innen und außen
γ ogw: **Lokale Wahnvorstellungen,** verschrobene Traditions- und Selbstverständlichkeiteninhalte, verschrobene Heimats- und Geborgenheitsvorstellungen und –zwänge
δ ogw: **verdrängte Selbstverständlichkeiten und Sicherungsinhalte,** verdrängte Traditionsinhalte, Angst vor Gewohnheiten und Verdrängung

derselben
β ogw: **fundierte Sicherungsinhalte,** Wissens- und Erfahrungshintergrund für wirtschaftliche, finanzielle, traditionelle und ähnliche Inhalte
α ogw: **vielerlei einzelne Sicherungsinhalte,** Einzelkenntnisse und –erfahrungen auf wirtschaftlichem, finanziellen, traditionellem etc. Gebiet.

Um mit Hilfe eines solchen Systems den Sozialkörper beschreiben und richtig einschätzen zu können, muß sich der Bildungspolitiker natürlich mit den Gesetzen und Tatsachen der Soziologie und Sozialpsychologie ebenso vertraut machen, wie er entsprechende Analysemittel benötigt[15] .

[15] vgl. Arbeitsdateien zu Waszkewitz: Fortschritte und Entwicklungen, Stuttgart 2002.

Neugestaltung

Die Strukturorganisation

Schon in der ersten Stufe wird darüber entschieden, inwieweit der Grundaufbau von Persönlichkeit und Begabungen ermöglicht wird, wie ich eingangs angedeutet habe. Entscheidet man sich dafür, dem Elternhaus die Grundschulung, etwa bis zum 4. Lebensjahr zuzumuten, so muß man im Hinblick auf die Unwissenheit vieler Eltern eine Entwicklungshilfegrundschulung verlangen. Andererseits gibt es sicher eine Vielzahl von Fällen, in denen - aus welchen Gründen auch immer - die Eltern einen solchen Beitrag nicht leisten können. Eine Bewahr- und Förderungsstation wird also in jedem Falle erforderlich, deren Nutzung evtl. von besonderer Erlaubnis abhängig gemacht werden kann. Diese Station dient der Pflege, aber auch der Aufklärung der Kinder über die Vorgänge des täglichen Lebens in Haus und Natur. Das setzt natürlich geschultes Personal voraus. Die Finanzierung ist eine Aufgabe, die sich die Bildungsträger mit den Nutzern teilen müssen. Aufsichtsführung ist dann eine Aufgabe, die sich Gesundheitsämter, Jugendämter und Schulämter zu teilen haben.

An diese Vorstufe schließt sich eine etwa zweijährige Vorschule an, in der Spielen und Lernen gekoppelt werden. Sicher, Kinder wollen und sollen spielen, aber sie wollen dabei auch lernen, Zusammenhänge erkennen, ihre Vorstellungen in reale Bahnen lenken, magische und physiognomische Betrachtungsweisen überwinden. Dazu gehört auch ein Hinführen auf stetiges Arbeiten, auf konzentriertes Vorgehen und planmäßige Aufgabenerledigung beim Lernen wie auch beim Spiel. Der Umgang mit Regeln und Ordnungen wird in diesem Alter entwickelt und muß dementsprechend gefördert werden. Das nimmt täglich 1 bis höchstens 3 Stunden in Anspruch. Alles, was darüber hinausgeht, ist Bewahrung und nur für jene da, die darauf angewiesen sind. Die Kosten für die Bildungsträger bleiben dabei im Rahmen, denn die Kosten für die

Bewahrung fallen nicht in ihr Ressort. Allerdings braucht diese Stufe besser geschulte Kinderlehrer, die zugleich in der Lage sind, Lernfähigkeit und Lerntempo der einzelnen Kinder zu bewerten. Nein, sie sollen keine Zeugnisse ausstellen, aber sie sollen auf die folgende Grundschule und ihre Zweige vorbereiten.

Zu dieser Vorbereitung gehört auch eine erste Anleitung zur Toleranz, zum Abbau natürlicher Fremdenablehnung[16] und Erziehung zur Gewaltlosigkeit. Das heißt zugleich, daß Raufereien und körperlichen Auseinandersetzungen ein Riegel vorzuschieben ist, nicht nur mit Verboten, mit Dazwischengehen, sondern auch mit Erklärungen und Anregungen zum Nachdenken über Frieden und Gewaltlosigkeit.

Aufgrund der Vorbereitungsergebnisse folgt dann die Einschulung in den entsprechenden Grundschulzweig, wobei mindestens 4 Zweige vorzusehen sind. In Anlehnung an das obige Konzept einer ersten Reform:

Code	**Dauer**	**Bezeichnung**
A	6jährig	Förderschule
B	5jährig	Primarschule
C	4jährig	Regelschule
D	3jährig	Kurzschule

Jeder dieser Zweige bietet den gleichen Stoff, der dazu dienen soll, die Kinder mit den grundlegenden Kulturtechniken und zugehörigen Inhalten so vertraut zu machen, daß es zu einer weitgehenden Automatisierung kommt.

Aufbauend auf derartigen Fertigkeiten kann in einem zweiten Schritt nach inzwischen entwickelter Abstraktionsfähigkeit dafür gesorgt werden, daß die jungen Menschen das grundlegende methodische Rüstzeug für ihre zukünftige Integration in die Gesellschaft erwerben. Infolge der bestehenden Begabungsunterschiede muß man hierbei bedenken, daß einige davon mehr, andere weniger verarbeiten können, daß einige schwierigere und kompliziertere

[16] vgl. die Arbeiten der Humanethologie, etwa K. Lorenz, I. Eibl-Eibesfeld

Inhalt begreifen als andere. Dementsprechend ergeben sich unterschiedliche Zweige in einer erweiterten Sekundärstufe. deren Länge in den verschiedenen Zweigen Unterschiede aufweist, weil manche Mehrverarbeitung mehr Zeit benötigt. Und so sollte man diese Sekundärstufe wie folgt aufteilen:

Code	Klassen	Bezeichnung	Abschluß[17]	Anschluß
A0	7 bis 9[18]	Pestalozischule	Sonderschulabschluß	
A1	7 bis 9	Volksschule	Volksschulabschluß	Anlernreife
A2	6 bis 9	Hauptschule	Hauptschulabschluß	Lehrreife
B1	6 bis 10	Mittelschule	mittlere Reife	Fachlehrreife
B2	5 bis 10	Realschule	Realschulreife	Fachschulreife
C1	5 bis 11	Oberschule	Primareife	Collegereife
C2	5 bis 12	Fachgymnasium	Fachabitur	Fachhochschulreife
D1	4 bis 12	Gymnasium	Abitur	Hochschulreife
D2	4 bis 12	Gymnasium generale	Matura	Forschungsreife

Natürlich ist das nicht die letzte Verzweigungsstufe im Sekundärbereich, denn hinzu kommen Schwerpunktbildungen, wie bei musischen, kaufmännischen, technischen, naturwissenschaftlichen usw. Schulen und Gymnasien, kommen Möglichkeiten der Wahlfächer bzw. Wahlpflichtfächer, wobei allerdings auf Gleichgewichtigkeit in den Codegruppen zu achten ist. Generell ist auch ein Pflichtkanon von der ersten bis zur letzten Klasse vorzugehen, etwa Deutsch, Mathematik, musische Fächer, Sprachen, Naturwissenschaften, ohne daß hier schon darauf einzugehen ist. Was die Finanzierung angeht, sind hier die Bildungsträger, aber natürlich auch die Eltern, soweit sie finanziell dazu in der Lage sind, gefragt. Das gilt dann auch für die Ausbildung, bei der Wirtschaftsunternehmen usw. als Ausbildungsträger mit infrage stehen.

Fortsetzen muß sich diese Organisation selbstverständlich auch im Ausbildungswesen, dem es, wie oben dargelegt, vor allem

[17] die Abschlußbezeichnungen sollten noch griffiger werden.

[18] gemeint sind die regulären Klassenfolgen, die sich natürlich durch Besuch anderer Primarstufenzweige ändern können.

an Niveaudifferenzierungen fehlt. Das könnte dann etwa so aussehen:

Code	Dauer	Ort	Abschluß
A0	4 bis 12 Wochen	Betrieb	ohne
A1	2 Jahre, nach BbiG	Betrieb + Berufsschule	Tätigkeitsbezeichnung
A2	3 Jahre nach BbiG	Betrieb + Berufsschule	Beruf - Geselle/Gehilfe
B1	3 bis 3 ½ Jahre nach BbiG	Betrieb + Fachberufsschule	Beruf-Fachgehilfe/Fachgeselle
B2	2 bis 3 Jahre, Berufsausbildung	Fachschule + praktisches Jahr	Beruf- Assistent/Assistentin
C1	3 Jahre Berufsausbildung	College + Praxissemester	grad. ..... Beruf.
C2	4 Jahre Berufsausbildung	Fachhochschule mit Praxissemester	Diplom- Beruf (FH)
D1	4 Jahre Berufsausbildung	Universität mit Praxissemester	Diplom- Beruf
D2	>4Jahre Forschungsausbildung	Universität mit Forschungssemester	Promotion zum Dr. ...

Inwieweit man dabei die deutschen Abschlußbezeichnungen angelsächsischen Standards anpassen will, wie es mancherorts mit Fleiß betrieben wird, halte ich für eine nicht sehr wesentliche Nebensache. Zweckmäßig erscheint mir aber, den Vordiplomsabschluß, der bei keiner schulischen Ausbildung fehlen sollte, durch eine entsprechende Titulierung zu kennzeichnen, was gerade im Falle der häufigen Studienabbrüche vorteilhaft sein dürfte.

Damit kommen wir zu den Bildungsgegenständen, damit geraten wir dann aber wahrscheinlich auch zwischen viele Fronten, zumal die daran interessierten Gruppen sich häufig anderer Termini bedienen als Pädagogen zu verwenden pflegen.

Lehrpläne und Fächer

Es liegt nicht in meiner Absicht, in diesem Abschnitt mehr als grundsätzliche Überlegungen zu den Inhalten auf den einzelnen Stufen und Formen des obigen Vorschlags zu entwickeln, denn, was das im einzelnen bedeutet, müssen jeweils die Vertreter der Fächer bestimmen. Das ist kein Politikum mehr, das ist reine Facharbeit.

Bleiben wir zunächst bei der zweijährigen Vorschule. Sie hat vor allem die Aufgabe, die Kinder mit dem Sprechen in korrekter hochdeutscher Sprache vertraut zu machen. Gemeinsame

Sprechübungen, Erzählübungen und Berichterstattung über Geschehnisse des Alltags müssen inhaltlich im Mittelpunkt stehen. Natürlich gehören dazu auch Erklärungen der Alltagserscheinungen, der verwendeten Arbeitstechniken und Arbeitshilfsmittel. Im zweiten Jahr dieser Vorschule sind dann sicher erste Schritte zum Lesenlernen einzuleiten, wobei unter allen Umständen ganzheitliche Techniken zu vermeiden sind, weil dadurch die Wahrnehmungsdifferenzierung beeinträchtigt bzw. nicht entwickelt wird, die aber für ein korrektes und flüssiges späteres Lesen unbedingt wichtig ist. Auch erste Vorübungen zum Schreiben können hier stattfinden. Das eigentliche Schreiben wird aber – von Ausnahmefällen abgesehen – kaum gelingen, weil dazu die Bewegungsphysiologie in diesem Alter noch nicht ausgreift ist. Selbstverständlich gehört zu allem die Schulung der Aufmerksamkeit und Konzentration – auch über eine längere Dauer -, wenn man auch bedenken muß, daß diese Phasen entwicklungsbedingt beschränkt sind. Es geht aber darum, langsam eine für die Grundschule erforderliche Arbeitshaltung aufzubauen.

Erst mit Eintritt in die Grundschule kann das Schreiben mit voller Intensität einbezogen werden. Selbstverständlich gehört dazu auch das Lesenlernen bzw. seine Vervollkommnung. Eng damit verbunden ist eine Erweiterung des Sachhorizonts, wobei man allerdings weitgehend im rein Konkreten, möglichst im unmittelbar Anschaulichen bleiben muß, weil nur sehr wenige Kinder in diesem Alter schon über echtes Abstraktionsvermögen verfügen. Wesentliches Element ist bei alledem die heimatliche und erlebbare Umwelt. Heimatkunde, allerdings nicht nur geographisch und biologisch, sondern auch verkehrstechnisch, wirtschaftlich und historisch, ist ein wesentlicher Aspekt des Sachkundeunterrichts. Im weiteren Verlaufe kommen dann die sprachlichen Strukturen, wie Grammatik, Satzbau und Ansätze der Stilkunde hinzu. Inwieweit dabei auch eine erste Fremdsprache einbezogen werden kann, wird weitgehend vom Begabungsniveau des infragestehenden Zweiges abhängen. Selbstverständlich sind auch die musischen Fächer einzubeziehen, das aber nur insoweit, wie latente Begabungen zu wecken sind. Es kann nicht Sinn dieser Fächer, wie auch der sportlichen, sein, Schreckgespenst für Unbegabte zu werden, denen sich auf diese Weise oft jedes weitere Eindringen in Kunst, Kultur usw. in späteren Jahren verschließt.

Zusammen mit diesen Maßnahmen muß es zugleich darum gehen, den Schülern Informationsquellen aller Art zugänglich zu machen, sie vor allem mit der Technik der Informationssuche – von der Literatur über Lexika und CD-ROM bis ins Internet – vertraut zu machen. Hierbei ist sicher zu überlegen, inwieweit die oft schwer zu tragenden Lehrbücher durch CD-ROMs, DVDs usw. ersetzt werden können, und sei es nur dadurch, daß preiswerte Lesegeräte in der Schule oder zu Hause bereit stehen, die keineswegs über die Fähigkeiten eines PC verfügen müssen..

Während das Lehrpensum in den verschiedenen Zweigen der Grundschule noch das gleiche ist, lediglich zeitliche Unterschiede entscheiden, ändert sich das mit der Sekundarstufe gründlich. Das gilt einerseits für das Niveau und die Anforderungen in den Kernfächern, wie Deutsch, Mathematik, Naturwissenschaften, Sozialwissenschaften, die stets auch Abschlußprüfungsfächer sind. Das betrifft andererseits auch die Zusatzfächer, etwa Sprachen, musische Fächer, wirtschaftswissenschaftliche, technische und informationstheoretische und –praktische Anwendungsbereiche. Hier steht den Bildungsinstitutionen viel Arbeit ins Haus, nicht nur den Fächerkanon je Stufe, Klasse und Zweig zu entwickeln, sondern zugleich auch die Anforderungen nach Breite, Tiefe und Höhe zu bestimmen. In vielen Fächern müssen dazu erst einmal die Lernziele definiert werden, ehe entsprechende Curricula aufgestellt werden können.

Zu überlegen ist dabei dann sicher auch noch, ob und welche Zwischenabschlüsse – besonders bei den zum Abitur oder zur Matura führenden Schulzweigen – sinnvoll sind, wie sie zu gestalten und zu benennen sind, denn für die Orientierung derjenigen, die außerhalb des Schulwesens tätig sind, braucht das „Kind" zum Zwecke der richtigen Interpretation und Nutzung einen Namen.

Das alles endet nicht mit der Sekundarstufe, auch für die Tertiärstufe müssen derartige Pläne erstellt werden, wobei dann fachspezifische hinzukommen. Hierbei ist zugleich wesentlich, wer federführend ist, wer unterstützend wirkt, wie die Ausbildung zwischen „schulischer" Unterweisung und betrieblicher Ausbildung und Praxis zu verteilen ist. Auch rechtliche Probleme sind dabei zu berücksichtigen, etwa ob es sich um schul- und öffentlichrechtliche oder um arbeitsrechtliche Beziehungen handelt. Man sieht also, daß es nicht allein Lerninhalte sind, die eine grundlegende Reform schwierig und langwierig gestalten werden.

Methodische Probleme

Obliegt den Maßnahmeträgern die didaktische und inhaltliche Konzeption in jedem Falle, so werden sie nur selten die Maßnahmen selbst durchführen, im Gegensatz zu Trainern und Lehrenden, die beide Fragen selbst lösen können müssen. Da die Unterweisungsmethodik die Effektivität der Maßnahmen mitbestimmt, sollten Lehrveranstalter auch auf diesem Gebiete gut orientiert sein. Das ist um so wichtiger, als Methoden nicht verabsolutiert werden dürfen, wie es in der heutigen Bildungspraxis immer wieder geschieht. Es gibt **nicht *die*** geeignete Methode. Methoden müssen jeweils auf die Inhalte, Ziele, Teilnehmer und Unterweiser sowie die zeitlichen und räumlichen Verhältnisse abgestimmt werden.

Die klassische Schulpädagogik läßt hier und dort erkennen, daß es auch wichtig ist, auf die Besonderheiten der Lernenden Rücksicht zu nehmen, wenigstens bezüglich Alters- und Entwicklungsstufe. Wer viel unterrichtet, weiß aber auch, daß es sehr auf die individuelle Art ankommt, welche Methode am effektivsten ist. Zudem bringt jeder Lehrer aufgrund seiner eigenen Wesensart für die eine oder die andere Methode bessere Voraussetzungen mit. Oft ist so der Erfolg eines Ausbilders mit der ihm gemäßen Methode größer als mit ihm weniger adäquaten Methoden, die vom Lernenden her zweckmäßiger erscheinen. Man muß also die Unterschiede kennen, wenn man zu optimalen Ausbildungsverfahren finden will. Auf der Seite der Lehrenden spielt in diesem Zusammenhang vor allem das Verhaltenstemperament eine wichtige Rolle, auf Seiten der Lernenden sind daneben die Neigungen und Interessen von besonderer Bedeutung.[19]

Generell wird vielfach gesagt, daß man 20% von dem, was man hört, 30% von dem, was man sieht, 50% von dem, was man hört und sieht, 70% von dem, was man sagt, und 90% von dem, was man tut, behält. So, wie das hier steht, ist das falsch, denn es bestehen erhebliche individuelle Unterschiede. Außerdem läßt sich in der Praxis mit Durchschnittswerten, die weit streuen, nicht viel anfangen, besonders nicht, wenn Streuungswerte nicht einmal angegeben sind, wodurch es oft zu Irreführungen kommt. Wir müssen daher zunächst die individuellen Besonderheiten der Lehrenden und Lernenden ermitteln und uns dann die Frage stellen, was die Lehrinhalte selbst verlangen. Es wäre z.B. völlig sinnlos, physikalische oder mathematische Grundlagen in Form von Rollenspielen oder mit ähnlichen Methoden vermitteln zu wollen. Betrachten wir daher zunächst einmal die vorhandenen methodischen Grundformen:

- induktive Methoden	- deduktive Methoden
- exemplarische Methoden	- prinzipielle Methoden
- passive Methoden	- aktive Methoden
- individuelle Methoden	- kollektive Methoden

Die Unterscheidung induktive/deduktive Methoden ist ablauforientiert. Im Falle induktiven Vorgehens wird von einer Vielzahl von Einzelerscheinungen bzw. Einzelfällen ausgegangen, um daraus das Gemeinsame und Grundsätzliche herzuleiten. Die deduktive Methode geht den umgekehrten Weg. Sie leitet aus dem Generellen

[19] vgl. Datei Arbeitsbuch Ziff. 1.6.5. in B. Waszkewitz: Mensch, Gesellschaft und Beruf, Stuttgart 2001

Einzelfälle und -erscheinungen ab. Hierbei findet vor allem das Prinzip der Ausstrukturierung Anwendung. Sie wird häufig mit einem prinzipiellen Ansatz verbunden, bei dem das Allgemeingültige, das Gesetzmäßige in möglichst abstrakter und evtl. formaler Form Grundlage ist. Dieses Allgemeine wird durch Anwendung an unterschiedlichen Fällen vertieft, gefestigt und variiert. Bei dem exemplarischen Vorgehen werden Einzelfälle - meistens nur ein solcher - als isoliertes Beispiel verwendet. Dabei kommt es besonders auf eine möglichst anschauliche und konkrete Gestaltung des Beispiels an. Das an diesem Einzelfall erkannte Grundsätzliche ist dann auf andere Fälle zu übertragen (Transfer).

Passive Methoden sind jene, die vom Lernenden eine stille Aufnahme verlangen, während aktive Methoden, die heute in Mode sind, eigene extraversive Mitarbeit bzw. Erarbeitung erfordern, was mit erheblich größerem Zeitbedarf verbunden ist. Individuelle Methoden liegen vor, wenn jeder die Inhalte allein für sich erlernt und erarbeitet, sei es anhand der Literatur, speziell gestalteter Formen - wie in der programmierten Unterweisung – oder, was selten sein wird, im Einzelunterricht. Dabei muß der Lernende dann auch allein Erfolge nachweisen. Bei der kollektiven Methode trägt jeder Beteiligte seinen Teil zur Erarbeitung der Inhalte und Lösungen bei und soll zugleich von den Anregungen und Impulsen der anderen profitieren.

Alle diese Methoden haben ihre Vor- und ihre Nachteile. Dabei sind teilweise auch die Begabungsunterschiede der Lernenden nicht unwesentlich. So haben besser Begabte größere Erfolge bei deduktiven, prinzipiellen und individuellen Verfahren, geringere, vor allem untermittlere Begabungen kommen eher zu Erfolgen bei induktiven, exemplarischen und kollektiven Methoden. Vom Stofflichen und Inhaltlichen her lassen sich folgende Unterscheidungen treffen:

•*GRUNDLAGENWISSEN:* am günstigsten ist ein deduktives Vorgehen, das sich der Methode des Ausstrukturierens bedient. Dadurch wird einerseits die Geschlossenheit der Assoziationsketten und andererseits die Einsparung von Integrationsenergie gesichert. Zudem bedarf es weniger zusätzlichen Aufwandes zum Aufbrechen etwa entstandener Ketten. In manchen Fällen ist dabei ein Umgehen der bestehenden Abstraktionsschranke der Lernenden erforderlich. Besonders bei A und B Schülern der Sekundarstufe sind häufig Anfangsschwierigkeiten zu überwinden, was evtl. mit Hilfe gestaltpsychologischer Lernprogramme (s.u.) gelingt.

•*METHODEN UND VERFAHREN:* bei der Vermittlung von Arbeits- und Lösungsverfahren, die unter wechseln den Randbedingungen einzusetzen sind, sollte - wo begabungsmäßig möglich - eine deduktive Ableitung der Grundlagen erfolgen, woran sich dann Anwendungen auf unterschiedliche spezielle Fragestellungen anzuschließen haben. Bei geringeren Begabungen ist dieser Weg wenig effektiv; hier muß umständlicher in induktiver Weise vorgegangen und auf geringerem Niveau abgeschlossen werden.

•*FERTIGKEITEN UND ROUTINEN:* soweit es sich - nicht nur im Manuellen - um mehr mechanische Routinen handelt, hat sich die sog. Vier-Stufen-Methode bewährt. Sie ist exemplarisch und kann es sein, weil es darum geht, Automatismen zu bilden, die stets auf gleichartige Eingangssignale einrasten müssen.

Diese 4 Stufen umfassen nach REFA:

1. Stufe Vorbereitung des Lernenden

•- man nehme ihm die Befangenheit

•- man bezeichne die zu erlernende Arbeit

•- man stelle die Vorkenntnisse fest

•- man wecke das Interesse

•- man lasse ihn die richtige „Haltung" einnehmen (nicht militärisch zu verstehen)

•- man gebe dem Lernenden Zutrauen zu sich selbst.

2. Stufe Erklären und vormachen

•- man führe den Vorgang mit allgemeinen Erklärungen im Zusammenhang vor

•- man führe den Vorgang erneut in Teilen und Einzelheiten mit präzisen Erklärungen und Begründungen vor

•- man wiederhole den Vorgang zügig und nenne dabei nur noch die Kernpunkte

3. Stufe Ausführen lassen

- man lasse es den Lernenden versuchen
- man lasse erneut nachmachen und sich dabei den Vorgang erklären
- man lasse den Vorgang mit ausführlichen Erklärungen solange wiederholen bis der Lernende ihn beherrscht

4. Stufe Unterweisung abschließen

- man lasse selbständig üben
- man benenne erfahrene Mitarbeiter, an die sich der Lernende bei Zweifeln wenden kann
- man beobachte und kontrolliere den Übungsfortschritt

Gerade in der dritten Stufe ist es dabei wesentlich, bei Abweichungen vom vorgeschriebenen Vorgehen sofort einzugreifen und zu korrigieren, weil sich sonst unerwünschte Automatismen bilden, die später kaum noch zu korrigieren sind. Bei der Betrachtung weiterer Methoden und spezieller Vorgehensweisen folgen wir Gonschorrek/Saul[20]

Bildungsmethoden und ihre Einsatzmöglichkeiten

ALLEINARBEIT		
	Voraussetzungen	positive Lernhaltung und Interesse, mittlere bis höhere Begabung
	Lernaktivität	sehr groß
	Individualisierung	relativ groß
	Lernkanäle	sehen, evtl. auch hören
	Arbeitsweise	einzeln, allein
	Zeitbedarf	sehr gering
	Einsatz	Wissensaneignung, Übungen, intellektuelle Verfahrenstechniken, Fe r-tigkeiten üben, jederzeit verfügbare Informationen erwerben, pr o-grammierte Unterweisung, manuelle Unterweisung
SEMINARGESPRÄCH		
	Voraussetzungen	Gesprächsfähigkeit und -bereitschaft, allgemeines Grundwissen
	Lernaktivität	mittel
	Individualisierung	gering
	Lernkanäle	hören, sprechen, sehen
	Arbeitsweise	kleine bis mittlere Gruppe mit Lehrendem
	Zeitbedarf	mittel, eher groß
	Einsatz	Vertiefung, Abrundung des Gelernten, Übung sozialer Fertigkeiten, Impulsgebung für Änderungen von Einstellungen und Sozialverhalten,
PARTNERARBEIT.		

[20] Gonschorrek/Saul: a. a. O. S.115

	Voraussetzungen	positive Lernhaltung, zueinander passende Partner, Eigeninitia tive
	Lernaktivität	groß
	Individualisierung	mittel bis groß
	Lernkanäle	hören, sehen, sprechen, schreiben, auch manuelle Betätigungen
	Arbeitsweise	Zweierarbeitsgemeinschaften, evtl. mit Bericht vor Plenum
	Zeitbedarf	mäßig
	Einsatz	Teilung größerer Aufgaben in Teilschritte, Erlernen zuverlässig verfü g-barer Informationen und intellektueller Methoden, Impulsgebungen zur Änderung von Einstellungen und Sozialverhalten
GRUPPENARBEIT		
	Voraussetzungen	inhaltliche Vorkenntnisse, positive Lernhaltung, Gesprächsfähig keit
	Lernaktivität	mittel bis groß
	Individualisierung	mäßig
	Lernkanäle	hören, sehen, sprechen, evtl. schreiben und machen
	Arbeitsweise	Kleingruppen, evtl. mit Bericht vor Plenum,
	Zeitbedarf	eher groß
	Einsatz	Teilung größerer Aufgaben, bei mehr außengelenkten, nicht beso n-ders hoch begabten Lernenden, Einübung sozialer Fertigkeiten, I m-pulsgebungen zur Änderung von Einstellungen und Sozialverhalten
METHODE 66		
	Voraussetzungen	Gesprächsfähigkeit,
	Lernaktivität	mittel bis eher groß
	Individualisierung	mittel
	Lernkanäle	hören, sehen sprechen
	Arbeitsweise	Kleingruppen und Plenum
	Zeitbedarf	gering
	Einsatz	Meinungsbildungsübungen
ROLLENSPIELE.		
	Voraussetzungen	positive Lernhaltung, Gesprächsfähigkeit, Vorerfahrun gen
	Lernaktivität	groß
	Individualisierung	groß
	Lernkanäle	hören, sehen, sprechen, machen
	Arbeitsweise	geringe Teilnehmerzahlen Ernstfallsituationen
	Zeitbedarf	mittel bis groß
	Einsatz	Erwerb von Anwendungsroutine in Erfahrungsbereichen, Einübung s o-zialer Fertigkeiten, Impulsgebung zur Änderung von Einstellungen und Sozialverhalten,
FALLMETHODE		
	Voraussetzungen	inhaltliche und arbeitstechnische Vorkenntnisse, Denkfähigkeit G e-sprächsfähigkeit

	Lernaktivität	groß
	Individualisierung	mittel bis groß
	Lernkanäle	hören, sehen, schreiben, sprechen, machen
	Arbeitsweise	allein, zu Zweien, in kleineren oder größeren Gruppen
	Zeitbedarf	mittel bis groß
	Einsatz	Anwendungsübungen, Problemlösungsverhaltenstraining, Üben inte l-lektueller und sozialer Fertigkeiten, Änderung von Einstellung und Sozialverhalten
PLANSPIEL		
	Voraussetzungen	inhaltliche und arbeitstechnische Vorkenntnisse und Sacherfahrun gen Gesprächsfähigkeit, Computerhandling
	Lernaktivität	mittel bis groß
	Individualisierung	je nach Planspielart mittel bis groß
	Lernkanäle	hören, sehen, sprechen, schreiben
	Arbeitsweise	einzeln, Kleingruppen
	Zeitbedarf	mittel bis sehr groß
	Einsatz	vor allem auf höheren Ebenen bei breitem Fachwissen und vielfältigen Erfahrungen zum Zwecke der Abrundung Üben intellektueller und s o-zialer Fertigkeiten, Impulsg ebung zur Änderung von Einstellungen und Sozialverhalten
VORTRAG		
	Voraussetzungen	Aufnahmebereitschaft, inhaltsadäquates Niveau
	Lernaktivität	gering bis sehr gering
	Individualisierung	sehr gering
	Lernkanäle	hören, sehen, evtl. schreiben
	Arbeitsweise	Plenum
	Zeitbedarf	sehr gering
	Einsatz	Erwerb von Grund- und Umrißwissen, System- und Vermaschungsd e-monstrationen
PROGRAMMIERTE UNTERWEISUNG		
	Voraussetzungen	auf Vorwissen und Begabungen abgestimmte Programmgestal tung
	Lernaktivität	sehr groß
	Individualisierung	sehr groß
	Lernkanäle	sehen, schreiben, evtl. hören und sprechen, hantieren
	Arbeitsweise	allein oder in kleinen Gruppen
	Zeitbedarf	individuell
	Einsatz	Erwerben von Kenntnissen, generellen wie speziellen,

Im Rahmen der methodischen Gestaltung spielen heute Medien und methodische Hilfsmittel eine bedeutende Rolle, vielleicht eine zu gewichtige. Das Problem des Einsatzes wurde in „Die Volkshochschule" behandelt (Die Volkshochschule, Handbuch für die Praxis der Leiter und Mitarbeiter, Blatt 72200). Fassen wir die für den Nicht-Erziehungswissenschaftler vielleicht etwas undurchsichtigen Ausführungen kurz zusammen, so können wir feststellen, daß ein Lehrender, der in seinem Unterricht Medien verwendet, dadurch auch gezwungen ist, den Aufbau seines Unterrichts auf den Einsatz dieser Medien abzustimmen. Danach sind also Medien, die man vielleicht besser als **Arbeitsmittel** bezeichnen sollte, nicht ohne Rückwirkung auf die Didaktik und Methodik. Man muß sich auch darüber klar sein, daß diese pädagogisch-wissenschaftlichen Forderungen in der Praxis kaum in dieser Strenge aufrechtzuerhalten sind. Solche Mittel dienen nämlich u. U. nur der Steigerung der Intensität der Darbietung und der Entlastung der Aufmerksamkeit der Lernenden. Zudem ist der Einfluß dieser Arbeitsmittel auf den Lernprozeß allen Behauptungen zum Trotz bis heute noch nicht genügend bekannt. In den aufgestellten Behauptungen spiegeln sich oft Wunschträume.

Ein Lernmittel, das heute nicht mehr in gleicher Weise von sich reden macht wie noch vor Jahren, ist die programmierte Unterweisung. Es gibt sie vor allem in Form der linearen bzw. verzweigten Lernprogramme, teilweise kombiniert mit der multiple choice Technik, bei der zur Lösung der gestellten Fragen mehrere Antwortmöglichkeiten vorgegeben sind, aus denen die richtige zu wählen ist, teilweise in einer Form, bei der die Antworten selbst gesucht und formuliert werden müssen. Dazu ein Beispiel von Correll[21]:

S.7	
	"Lernen ist ein Prozeß der Wechselwirkung zwischen Mensch und Umwelt. Es läßt sich sowohl vom ..... als auch vom sozial-kulturellen Standpunkt aus betrachten.
S.8	
biologischen	Diesen beiden Aspekten, dem...und dem...lassen sich verschiedene

[21]W. Correl: Lernpsychologie, Donauwörth 1970

	Auffassungen vom Lernprozeß zuordnen.
S.9	
a)biologischen b)sozial-kulturellen	Vom biologischen Standpunkt aus betrachtet, versteht man unter Lernen den Entwicklungsprozeß durch den der Mensch erst lebensfähig wird. Danach ist Lernen also ein ....-prozeß.
S.10	
Entwicklungs-	Dieser Lern- oder...-prozeß bewirkt eine Anpassung der Anlagen an die Umwelt.
S.11	
Entwicklungs-	Die Fähigkeit, sich durch ... zu entwickeln, ist erforderlich, da der Mensch von Natur aus nur über eine relativ dürftige Ausstattung an Instinkten verfügt.
S.12	
Lernen	Eine reichhaltigere Instinktausstattung ...."

Nach Wagner gibt es eine Vielzahl solcher Lernprogramme in der Bundesrepublik. Eine schematische Anwendung dieser Programme erscheint wenig sinnvoll, denn in Fachkreisen besteht Einigkeit darüber, daß derartige Programme ziemlich exakt auf Vorbildung und Begabung der Lernenden abgestimmt werden müssen. Sonst entstehen negative Effekte infolge von Langeweile oder Nichtverstehen. Für das gleiche Lernziel sind folglich sehr unterschiedliche Programmversionen erforderlich, wodurch der Aufwand beträchtlich wird. Im Falle qualifizierterer Teilnehmer läßt sich dieses mit Hilfe gestalt- oder strukturpsychologischer Lernprogramme umgehen, bei denen je nach Vorbildung und Begabung lediglich Unterschiede der Lern- und Bearbeitungszeit einzukalkulieren sind. Dazu nachstehend ein Beispiel:

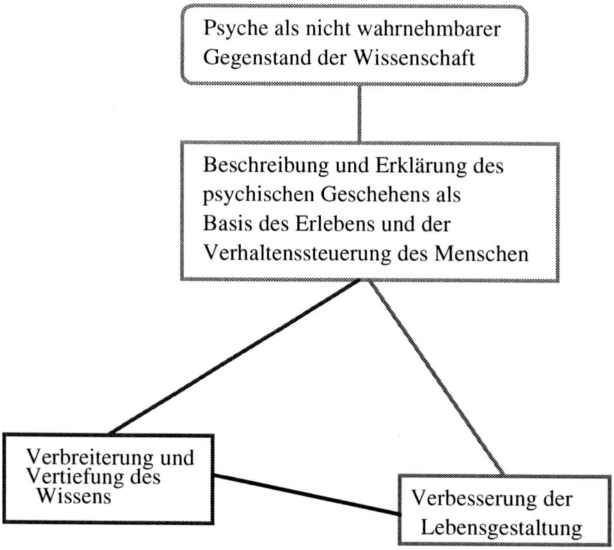

Fragen:

1)Inwiefern ist das psychische Geschehen nicht wahrnehmbar und welche Bedeutung hat das für die Beschreibung und Erklärung menschlichen Erlebens und Verhaltens?
2) Wie kann man dennoch zu einer Beschreibung und Erklärung psychischer Prozesse gelangen?
(Seite 1)

Antworten:

zu 1:

Zwar nimmt jeder Mensch Teile seines psychischen Geschehens wahr, aber das sind rein subjektive Erlebnisse, denen es an Begrifflichkeit und Systematik sowie an Mitteilbarkeit fehlt, denen auch die für wissenschaftliche Erkenntnisse nötige Intersubjektivität und Nachprüfbarkeit abgehen.[22] Diese Nichtwahrnehmbarkeit führt da-

[22] vgl. Jaspers: a. a. O. S. 2 sowie Bertelsmann: Lexikothek, Stichwort *Wissenschaft*

zu, daß die Erklärungen und Beschreibungen erstens nicht durch Beobachtung am Menschen zu überprüfen sind, daß sie zweitens nicht die tatsächlichen Prozesse und Größen, sondern nur erschlossene enthalten können.

zu 2:
Man kann zu einer Beschreibung nicht wahrnehmbarer, also auch nicht direkt beobachtbarer Vorgänge dadurch gelangen, daß man einerseits die beobachtbaren Einwirkungen von außen und andererseits die zugehörigen Wirkungen beobachtet und daraus auf die wirkenden Faktoren und ihre Verknüpfungen schließt.

(Seite 2)

002 Methoden der Datenerhebung und -verarbeitung in der Psychologie

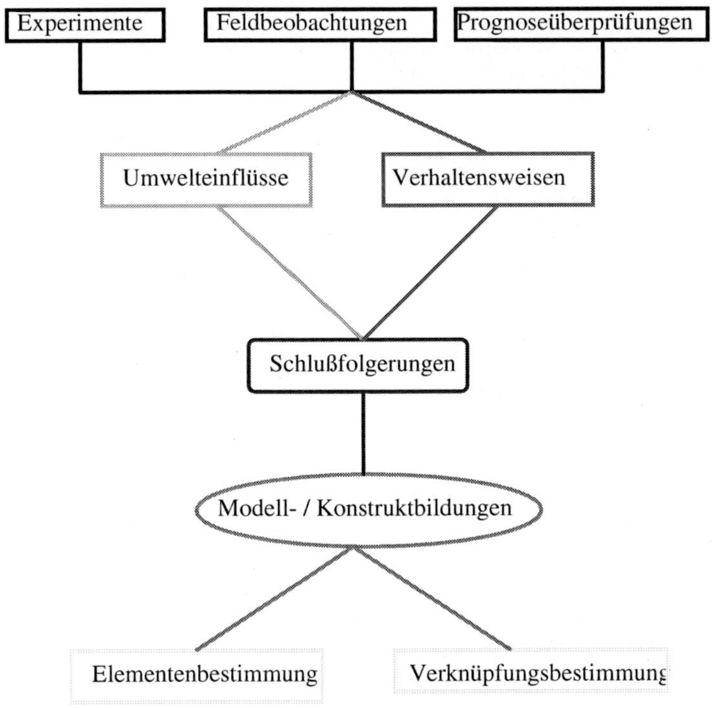

Fragen:
3) Inwiefern dienen Prognosenüberprüfungen der Datenerfassung und -sicherung?
4) Worin liegt der Unterschied zwischen Experimenten und Feldbeobachtungen?
5) Was bieten auf diese Weise gewonnene Modelle, was sind sie nicht?
(Seite 3)

Antworten

zu 3:
Die anhand von Modellen erstellten Prognosen (Voraussagen) für bestimmte Reaktionsweisen unter bestimmten Bedingungen ermöglichen Aussagen über die Treffsicherheit solcher Modelle, aber auch ihre Korrektur und Verbesserung.

zu 4:
Experimente unterscheiden sich von Feldbeobachtungen dadurch, daß in Experimenten die Bedingungen und Reizkonfigurationen, unter denen die Reaktionen erfolgen, exakt bestimmt und abgewandelt werden können, während die Bedingungen und Reize im Falle der Feldbeobachtung nur allgemein und global erfaßbar sind und im allgemeinen nicht abgewandelt werden können.

zu 5:
Derartige Modelle erklären und beschreiben die Wirkungsfaktoren der Prozesse und ihre Verknüpfungen, sind aber nicht der Gegenstand selbst. Ein Modell der Persönlichkeit des Menschen ist keineswegs die Persönlichkeit, beschreibt sie und ihre Reaktionen aber und erlaubt es, Prognosen zu stellen. [Anschütz sagt dazu „Infor-

mationsverarbeitende Systeme gelten für die Kybernetik als gleichartig, wenn ihre Funktion gleich ist".[23]]

(Seite 4)

usw.-.-

Wichtiges Lehr- und Lernmittel sind Tafeln in allen möglichen Formen. Sie dienen der Visualisierung des Gesprochenen. Hinzu kommen Projektionseinrichtungen, die heute vor allem in Form des Tageslichtschreibers Verwendung finden. Die Wandtafel hat von ihnen den großen Vorteil, daß im allgemeinen die zur Verfügung stehende Fläche größer ist. Damit bleiben auch bei längeren Darstellungen die Zusammenhänge sichtbar. Nachteilig wirkt sich bei ihr aus, daß der Lehrende dem Lernenden beim Tafelanschrieb den Rücken zukehrt und damit der Blickkontakt verlorengeht und nicht jeder Lehrende eine gut lesbare Schrift aufweist. Zudem muß der Tafelanschrieb jedes Mal neu erstellt werden.

Der Tageslichtprojektor eignet sich am besten, wenn mit vorbereiteten Folien gearbeitet werden kann. Beim Schreiben auf seiner Folie leidet im allgemeinen die Lesbarkeit und Übersichtlichkeit. Dias und Filmprojektion haben ihm gegenüber den Vorteil, daß das Material differenzierter und farbiger dargeboten werden kann, den Nachteil, daß dieses bei Tageslicht meistens nicht genügend klar erfolgt. In der Einzelunterweisung wird statt der Wandprojektion heute vielfach der Bildschirm verwendet, was aber vom Standpunkte der Informationsgestaltung auch Probleme birgt. Bei Standardcurricula werden häufig Tonbildschauen und Tonfilme eingesetzt. Die Meinungen über die Effektivität derartiger methodischer Arbeitsmittel sind allerdings geteilt. Das gilt auch für den Einsatz von Fernsehen und Videorecorder. Bei letzterem können z.B. negative Auswirkungen beim Anblick der eigenen Person und ihres Handelns auftreten, besonders, wenn auch andere zuschauen.

Daneben finden rein auditive Methoden Verwendung, etwa Schallplatte und Tonband. Besonders werden sie im Rahmen von

---

[23] Anschütz: .a. a. O. S. 14

Sprachlabors eingesetzt, um die Effektivität des Fremdsprachenunterrichts zu steigern. In Form von Tonbandcassetten gibt es inzwischen eine Vielzahl berufsbildender Inhalte. In dieser Form werden auch Fallstudien und Betriebshörspiele angeboten. Über ihre Eignung sind die Meinungen geteilt. Ein nicht zu unterschätzendes Arbeitsmittel stellt die EDV dar. Mit ihrer Hilfe lassen sich Modelle und Konstrukte der Entscheidungsbildung nicht nur verdeutlichen, sondern auch simulieren und abwandeln, ohne langwierige Zwischenarbeiten einzuschieben, die den Lernprozeß zerreißen. Die Simulationsrechnungen führt der Computer in kürzester Zeit durch. Die Ergebnisse werden umgehend auf dem Bildschirm dargestellt oder ausgedruckt. Überall, wo es sich um quantitative Entscheidungsprozesse, um quantitative Analysen und Bearbeitungen handelt - auch in Planspielen - wird der Einsatz von EDV-Anlagen zunehmen. Wo qualitative Entscheidungen oder menschliche Verhaltens- und Wahrnehmungsweisen die entscheidende Rolle spielen, kann er heute noch nicht mit viel Aussicht auf Erfolg eingesetzt werden.

Das Problem der Medienwahl ist, wie die wenigen Hinweise zeigen, für eine kostengünstige und effektive Bildungsarbeit von großer Bedeutung. Es kann aber nur unter Berücksichtigung der Teilnehmer, der Lehrenden, der Inhalte und Ziele der jeweiligen Maßnahme gelöst werden. Es gibt dabei noch keine genauen Angaben darüber, welche Arbeitsmittel in welchen Fällen am geeignetsten sind. Hier sind umfassende Forschungsvorhaben anzusetzen.

Ergebnissicherung

Bildungsmaßnahmen, Lehren und Lernen sind zielgerichtet. Ihr Erfolg muß daher kontrolliert werden. Eine technisch und automatisch arbeitende Erfolgskontrolle ist allerdings dort nicht durchführbar, wo das Ziel *Persönlichkeitsbildung* ist. Hier können nur psychologisch-diagnostische Methoden helfen, die nicht Sache der Lehre und der Lehrer sein können. Im Rahmen der funktionalen und der Zweckbildung liegen die Verhältnisse anders. Hier kann man feststellen, ob das gesteckte Lernziel erreicht wurde, und das um so besser, je präziser und feiner die Lernziele formuliert sind. Dabei sind zwei grundsätzlich verschiedene Arten der Erfolgskontrolle zu unterscheiden, eine **pädagogische,** auf die man sich im schulischen Bildungswesen beschränken muß, und eine praktische **außerpädagogische**, die speziell im Aus- und Fortbildungswesen anwendbar ist. Ohne uns hier mit den verschiedenen Techniken dieser Erfolgskontrolle zu beschäftigen, hat diese bisher anscheinend nicht funktioniert, wenn man die Ergebnisse der PISA-Studie betrachtet, denn sonst hätte man das Dilemma schon vorher erkennen müssen.

Die entscheidende Frage im Zusammenhang mit der Erfolgskontrolle liegt allerdings darin, ob es nur Erfolg oder Nichterfolg gibt. Lernen dient dazu, Programme und Datenbanken als Grundlage der Lebensbewältigung zu erwerben und zugleich entsprechende Anlagen in angemessener Weise zu entfalten. Natürlich kann man sich auf den Standpunkt stellen, daß nur das vollkommene Programm und die vollendete Datenbank als Erfolg zu werten sind. Wollte man dieses tun, so käme man schnell in die Situation, daß man alle Lehre für eitel erklären müßte, denn dieses Ideal ist nicht oder nicht sehr oft zu erreichen. Man wird sich stets mit mehr oder minder gelungener Lösung zufriedengeben müssen. Das heißt aber, daß wir nicht nur von Erfolg und Nichterfolg, sondern jeweils von mehr oder weniger Erfolg sprechen müssen. Eine Quantifizierung ist nicht zu umgehen, so schön es auch wäre, wenn man nur sagen müßte, ob Erfolg oder Nichterfolg. Das verkompliziert naturgemäß alles Testen und Bewerten.

Unter pädagogischer Erfolgskontrolle verstehen wir die Überprüfung des Gelernten mit pädagogischen Mitteln. Dazu gehören in erster Linie Prüfungen im weitesten Sinne, aber auch Beobachtungen des Unterrichtsverhaltens. Bei Prüfungen muß zwischen mündlichen und schriftlichen Formen unterschieden werden. Beide verlangen von dem Prüfer die Bewertung der Leistungen des Lernenden. Und hier liegt das eigentliche Problem der pädagogischen

Erfolgskontrolle. Von hier aus ergeben sich auch ständig Einwände gegen derartige Kontrollen. Abgesehen davon, daß es theoretisch nur ein *Erfüllen* oder *Nichterfüllen* eines Ziels gibt, hat sich - nicht nur in unserem Lande - aus oben erwähnten Gründen eine Bewertungsskala der Zielerfüllung herausgebildet. So sei denn auch hier von diesem Standpunkte ausgegangen.

Das große Problem ist das der Bewertung. Es stellt sich schon in der Schule. Wo es um schriftliche Prüfungen geht, hat man oft geglaubt - manche tun das heute noch -, daß ein Multiple-Choice-Verfahren die einzig brauchbare und objektive Lösung darstellt. Schon Skinner hat diese Methode, die ihm oft zugeschrieben wird, abgelehnt. Damit wird es besonders wichtig, die Bewertung zu objektivieren und zu operationalisieren. Hierbei müssen einerseits sog. Beurteilungsfehler ausgeschaltet werden, muß andererseits auf die geringe Differenziertheit menschlicher Wahrnehmung Rücksicht genommen werden. Daher ist es sinnvoll, die Bewertung in Teilschritte mit geringer Differenzierung zu zerlegen und dann die Teilergebnisse zusammenzufassen. Dabei ist es zum Zwecke der Ausschaltung negativer Beeinflussungen günstig, nicht unmittelbar nach dem Schulnotensystem vorzugehen. Als brauchbar hat es sich erwiesen, bei mündlichen Prüfungen und Frageklausuren jede Frage, jedes Item zu bewerten, wobei die Bewertung mit

- -- : Fehlanzeige, sehr grobe Fehler
- - : Mangelhaftigkeit, große Lücken, ungenaue Ergebnisse
- o : einige Mängel, kleinere Lücken, noch brauchbare Ergebnisse
- + :entspricht weitgehend den Anforderungen, kleinere (Schönheits)Fehler
- ++ : voll und ganz anforderungsgerecht, gelungene Darstellung

erfolgen sollte. Sind die Items von unterschiedlichem Gewicht - falls sich ein solches begründen läßt -, wird für die den Bewertungen zuzuteilenden Punktzahlen -- = 1; - = 2; o = 3; + =4; ++ = 5; ein entsprechender Multiplikationsfaktor angesetzt. Die Errechnung des Erfolgsgrades sollte überall dort, wo es sich um unterschiedliche Inhalte handelt, multiplikativ erfolgen, also

$\% = 100\left(\{\text{Produkt der Punkte}/\ 5^{\text{Itemzahl}}\}^{1/\text{Itemzahl}}\right)$

Handelt es sich um Problemklausuren, bei denen sich keine Items im üblichen Sinne bestimmen lassen, empfiehlt es sich, itemadäquate Teilgrößen, etwa:

A. Gliederung

B. sprachliche Gestaltung

C. Problemerfassung

D. Problemlösung

zu verwenden.

Noch schwieriger wird die pädagogische Erfolgskontrolle bei umfangreicheren Prüfungsarbeiten, wie sie bei höheren Qualifikationen üblich sind. Hierbei muß eine größere Anzahl von Teilaspekten unterschieden werden. Dabei ist zugleich zu bedenken, daß die Fehlanzeige in einem dieser Kriterien im allgemeinen die Gesamtleistung gegen Null führt. Daher gilt dabei eine andere Bewertungsumsetzung, nämlich -- = 0; - = 1; o = 2; + = 3; ++ = 4;. Als Bewertungsaspekte kommen bei solchen Arbeiten, etwa Diplomarbeiten usw. z:B.:

A. Formalien, Literatur, Zitierweise, Äußeres

B. Sprachliche Richtigkeit, sprachliche Formalien

C. Sprachstil, Begriffshandhabung u. -nutzung, Verwertung der Fachsprache

D. Aufbau und Gliederung sowie deren Verarbeitung

E. Themenprägnanz, Einhalten des Themas, kein Abschweifen

F. Themenvollständigkeit, Ausschöpfung des Themas

G. Klarheit und Knappheit der Darstellung, Redundanzminderung

H. Logik, Folgerichtigkeit, Stichhaltigkeit der Beweisführung

I. Richtigkeit und/oder Vertretbarkeit der Ergebnisse

in Frage.

Die aufgrund der Bewertung erhaltenen Prozentwerte lassen sich nach folgendem Schema, wenn es sein muß, z.B. in eine 5stufige Notenskala übersetzen:

%	Note	%	Note	%	Note	%	Note
0-26	5.0	50-55	4.0	66-70	3.0	81-85	2.0
27-36	4.7	56-60	3.7	71-75	2.7	86-90	1.7
37-49	4.3	61-65	3.3	76-80	2.3	91-95	1.3
						>95	1.0

Manchmal wird verlangt, daß neben einer solchen Bewertung auch ein Gutachten zur Arbeit erstellt werden muß. Um hierbei möglichst die Forderung der Objectivity zu erfüllen, ist es sinnvoll, zu dem Bewertungssystem ein Textprogramm zu erstellen und zu verwenden. Das gilt besonders dann, wenn mehrere Beurteiler vorhanden sind.[24]

Besonders dort, wo Lernziele Verhaltensänderungen in der Arbeit vorsehen, bringt die pädagogische Erfolgskontrolle wenig brauchbare Ergebnisse. Hier muß einmal auf die Bewährungskontrolle zurückgegriffen werden, vorausgesetzt, daß sich die Lernziele auf Verbesserungen im Gesamtaufgabengebiet des Stelleninhabers beziehen. Handelt es sich bei der Förderungsveranstaltung nur darum, für bestimmte Aufgabenteile Veränderungen zu erreichen, muß man auf die Technik der speziellen Auftragserledigung zurückgreifen und hierzu geeignete Beurteilungsmethoden entwikkeln. Sie dient auch zur Ergebniskontrolle bei Auszubildenden in den einzelnen Stationen[25].

Für die Erfolgskontrolle im Bildungssystem bedeutet dieses, daß auch überprüft werden muß, ob der jeweilige Unterweiser, Ausbilder oder Lehrer im Rahmen der Bildung oder Ausbildung effektiv arbeitet. Im Hinblick auf die in den Schulen und Unternehmen notwendige Hierarchie besteht kaum die Möglichkeit, die jeweils Betroffenen urteilen zu lassen, zumal hierbei mit Racheauswirkungen und ähnlichem gerechnet werden muß, was gerade besonders korrekten Ausbildern und Lehrern schaden dürfte. Also

---

[24] Nähere Angaben findet der Leser in Waszkewitz: Mensch, Gesellschaft und Beruf, Datei Arbeitsbuch Ziff. 2.3.7.

[25]

muß man davon ausgehen, daß der Vorgesetze des Lehrers diesen beurteilen und dessen Erfolge feststellen muß.

Für die Beurteilung der Qualifikation der Ausbilder bieten sich dazu vor allem folgende Kriterien an:

•- Fachergebnisse (Prüfungsergebnisse, Beurteilungen der Lernenden durch Unterweiser, Erfolg von Lehrgesprächen und Unterrichtsmaßnahmen, schulische Ergebnisse der Lernenden)

•- Betreuungsergebnisse (Lernende besprechen ihre Probleme mit ihm, Lösung von Konflikten mit und zwischen den Lernenden, Beliebtheit, Häufigkeit und Schwere von Konflikten mit Lernenden)

•- Planung u. Organisation (Lücken und Fehler der Planung, Beachtung von Vorschriften, Anpassung an individuelle Besonderheiten der Lernenden)

•- Institutionsgebundenheit (Stellung u. Ansehen in der Institution, Beachtung der Belange und Notwendigkeiten der Institution, Beachtung organisatorischer Entwicklungen, Beachtung neuer fachlicher Entwicklungen)[26].

Die Beurteilung des Erfolgs der Auszubildenden ergibt sich einmal aus den schulischen Ergebnissen, zum anderen aus den Ergebnissen in den jeweiligen Ausbildungsstationen bzw. Ausbildungsabschnitte, in der Schule etwa in Halbjahresabständen. Diese Ergebnisse müssen in der Schule die beteiligten Lehrer, im Betrieb der Unterweiser oder Trainer beurteilen, wozu er ein Beurteilungssystem wie oben dargestellt, erhält. Hinzufügen kann man, wenn hierin auch gewisse Gefahren liegen, noch ein Kriterium *Soziales Verhalten*. Selbstverständlich ist bei der Beurteilung der Auszubildenden im Sinne des BbiG. auch die Berichtsheftführung zu berücksichtigen.

---

[26] Nähere Angaben findet der Leser in Waszkewitz:Mensch, Gesellschaft und Beruf a. a. O., Datei Arbeitsbuch.pdf Ziff. 2.3.7.

Ausblick

Im Hinblick auf die offensichtlich gewordenen Schwächen unseres Bildungssystem entwickelt sich leider eine reichlich sinnlose Geschäftigkeit, statt sich darauf zu besinnen, wie sich dieses im Laufe von Jahrzehnten einschleichen und entwickeln konnte. Warnungen hat es von Seiten erfahrener Pädagogen und Personalchefs schon seit Jahren gegeben, aber man hat das System weiter fleißig darauf los behandelt, ohne die Folgen zu bedenken.

Man sollte sich bei der nun fälligen Neugestaltung Zeit lassen und zunächst einmal auf dem Vorhandenen basierend eine Zwischenlösung anstreben, die mit Hilfe größerer Differenzierung, und das vor allem in niveaumäßiger Hinsicht, und klaren Leistungskriterien die ärgsten Schwächen überwinden hilft.

Erst dann kann man in aller Ruhe und mit größter pädagogischer Sorgfalt daran gehen, ein neues, besseres, chancengerechteres und effektiveres Bildungs- und Ausbildungssystem zu entwickeln und dabei dann auch die Übergangsprobleme zwischen altem und neuem System lückenlos zu lösen. Was dabei alles zu beachten ist, habe ich versucht darzulegen. Ich hoffe nur, daß derartige Überlegungen nicht im ideologischen Kampf wiederum untergehen.

Literaturverzeichnis

Aiken, L.R.	Assessment of Intellectual Functioning, Newton, Massechusetts, 1987
Allport:,G.W.	Persönlichkeit, Stuttgart 1949
Amthauer, R.	I.-S.-T., Intelligenz-Struktur-Test, 2. Aufl. Götti ngen
Anschütz, H.	Kybernetik, 4. Aufl. Würzburg 1979
Arnold,W.	Person, Charakter, Persönlichkeit, Götti ngen 1957
Arnold/ Eysenck/ Meili	Lexikon der Psychologie, Freiburg 1987
Aschoff, C.	Betriebliches Humanvermögen, Wiesbaden 1978
Ashby, W.R.	Einführung in die Kybernetik, 2. Aufl. Frankfurt 1985
Aster E.v.	Die Psychoanalyse, Bern 1949
Balzereit,B	Betriebspsychologie, München 1980
Benesch, H. (Her.)	dtv-Atlas zur Psychologie, München 1987
Berelsen/ Steiner	Menschliches Verhalten, 2 Bde., 1969ff
Berg,J. van den	Grundriß der Psychiatrie, 3. Aufl. Stuttgart
Bertelsmann	Lexikothek
Bettelheim, B.	Liebe allein genügt nicht, 5. Aufl. Stuttgart 1985
Bettelheim, B.	Ein Leben für Kinder, 3. Aufl. Stuttgart 1987
Bettelheim, B.	So können sie nicht leben, Stut tgart 1973
Bettelheim, B.	Die Geburt des Selbst, Frankfurt 1984
Blumenberg/Kury (Her.)	Psychologie (Herder Lexikon), ohne Jahresangabe
Bokranz/Landau	Einführung in die Arbeitswisse nschaft, Stuttgart 1991
Bornemann/Affeld	Betriebspsychologie, Wiesbaden 1967
Brickenkamp (Hrsg.):	Handbuch der psychologischen und pädagogischen Tests; 1.Ergänzungsband, Gö t-tingen 1983
Busemann, A.	Stil und Charakter, Meisenheim a. Glan 1948
Buser, R.	Ausdruckspsychologie, München 1973
Cattell, R.B.	Die empirische Erforschung der Persönlichkeit, 2. Aufl. Wei nheim
Chomsky, N.	Sprache und Geist, Frankfurt 1970
Correl, W.	Lernpsychologie, Donauwörth 1970
Correl, W.	Lernen und Verhalten, Ausgabe Dez. 1972; Fischer Verlag Frankfurt
Dann, H. D.	Aggression und Leistung, Stuttgart 1972
Delay/ Pichot	Medizinische Psychologie, 2. Aufl. Mü nchen 1970
Delhees,K.H.	Motivation und Verhalten, Mü nchen 1975
Dührssen, A.	Psychogene Erkrankungen bei Kindern und Jugendlichen, 2. Aufl. Götti ngen
Eibl-Eibesfeld, I.	Krieg und Frieden aus der Sicht der Verhaltensforschung, Mü nchen 1975
Eibl-Eibesfeld, I.	Der vorprogrammierte Mensch, 4. Aufl. München 1982
Eibl-Eibesfeld, I.	Grundriß der vergleichenden Verhaltensforschung, 7. Aufl. München 1987
Eibl-Eibesfeld, I.	Der Mensch, das riskierte Wesen, 5. Aufl. München 1993
Eibl-Eibesfeld, I.	Die Biologie des menschlichen Verhaltens (Sonderausgabe der 3. Aufl. Weyarn 1997)

Eysenck:, H.J.	The structure of human personal ity, 1953
Flechtner, H.J.	Grundbegriffe der Kybernetik, dtv, Mü nchen 1984
Franke, L.	Berufsausbildung von A bis Z, Stand Mai 1982; dtv München
Frieling/Auer	Mensch-Farbe-Raum, München 1954
Gerster, G.	eine Stunde mit ...., Frankfurt 1956
Golas, H.G	Berufs- u. Arbeitspädagogik für Ausbilder, Bd. 1 und 2; 6. Aufl.
Gonschorrek/Saul	Pädagogik in Wirtschaft und Verwaltung, Heide lberg 1983
Graumann, C.F.	Einführung in die Psychologie 7 Bände, 1969ff
Guilford	Persönlichkeit, 2./3. Aufl. Wei nheim 1965
Haken/Haken-Krell	Entstehung von biologischer Information und Ordnung, Dar mstadt 1989
Hassenbstein, B.	Verhaltensbiologie des Kindes, München 1973
Hebb, D.-O.	Einführung in die moderne Ps ychologie, Weinheim 1973
Hemling, H.	Taschenbuch der Psychologie, München 1974
Hofstätter, P.R.	Gruppendynamik, Hamburg 1971
Hofstätter, P.R.	Psychologie (Fischer-Lexikon) Ausgabe Frankfurt 1975
Hofstätter, P.R.	Einführung in die Sozialpsychologie, 2. Aufl. Stut tgart 1979
Hofstätter, P.R.	Sozialpsychologie, 4. Aufl. Berlin 1970
Irle, M.	Berufs- Interessen- Test, Göttingen 1955
Klaus, G.	Kybernetik in philosophischer Sicht, Berlin 1961
Klaus, G. (Hrsg.)	Wörterbuch der Kybernetik, 2 Bände, Frankfurt 1969
Klix/Sydow(Hrsg.)	Zur Psychologie des Gedächtni sses, 2. Aufl. 1980
Kloos	Grundriß der Psychiatrie und Ne urologie, München 1951
Koenig, O.	Kulktur und Verhaltensforschung, München 1970
König, R.	Soziologie (Fischer Lexikon), Frankfurt 1958
Köster, P.H.	Deutschland Deine Denker, 2. Aufl. Ha mburg 1980
Krech/Crutschfield	Grundlagen der Psychologie, 2 Bände 1970
Lattmann, Ch.	Leistungsbeurteilung als Fü hrungsmittel, Bern 1975
Lauster, P.	Begabungstests, Hamburg 1974
Lauster, P.	Berufstest, Hamburg 1976
Le Bon, G.	Psychologie der Massen, Stuttgart 1981
Lem, S.	Summa technologiae, Frankfurt 1981
Löhr, R.-W.	Ergonomie, Würzburg 1976
Lorenz:, K.	Psychologie der Stammesg eschichte
Miller, A.	Das Drama des begabten Kindes, Frankfurt 1982
Miller, A.	Am Anfang war Erziehung, Fran kfurt 1980
Miller, A.	Das verbannte Wissen, Frankfurt 1988
Miller, A.	Du sollst nicht merken, Frankfurt 1981
Miller, A.	Der gemiedene Schlüssel, Fran kfurt 1988
Mitscherlich, A.	Auf dem Wege zur vaterlosen G esellschaft, Serie Piper 45
Mitscherlich, A. u.M.	Die Unfähigkeit zu trauern, Serie Piper 168
Morschitzky, H	Angststörungen, Springer 2002

Moscoviici, S.	Das Zeitalter der Massen, Fran kfurt 1986
Penrose, R.	Computerdenken, Spektrum-Heidelberg, ohne Ja hreszahl
Pervin L.A.	Persönlichkeitstheorien, München-Basel 1993
Peter&Hull	Das Peter Prinzip
Pfützner (Hrsg.)	Taschenbuch Mensch und Arbeit, hier Au sgabe München 1988
Popp, M.	Einführung in die Grundbegriffe der Allgemeinen Psychologie, München-Basel 1975
Portmann, A.	Zoologie und das neue Bild vom Menschen, rde 20; 1956
Prigogine u. Stengers	Dialog mit der Natur, München 1980
Rattner, J.	Aggression und menschliche Natur, Olten 1970
Ravn, I.	Chaos, Quarks und schwarze Löcher, München 1995
Remplein, H.	Die seelische Entwicklung des Menschen im Kindes- und J ugendalter, 1969
Remplein, H.	Psychologie der Persönlichkeit, 1967
Riesmann, D.	Die einsame Masse, rde 72/73
Rohracher, H.	Die Arbeitsweise des Gehirns und die psychischen Vorgänge, 1967
Rohracher, H.	Einführung in die Psychologie, 5. Aufl.
Roth, E.	Persönlichkeitspsychologie, 6. Aufl., Stut tgart 1981
Ruch/Zimbardo	Lehrbuch der Psychologie, 2. Aufl. 1975
Schanz, H.	Betriebliches Ausbildungswesen, Wiesb aden 1979
Schneider, W.	Wörter machen Leute, München 1976
Seger, I.	Knaurs Buch der modernen Soziologie, München 1974
Spitz, R.	Die Entstehung der ersten Objektbeziehu ngen, Stuttgart 1957
Spranger, E.	Psychologie des Jugendalters, 20. Aufl. Heidelberg 1949
Stern, W.	Differentielle Psychologie, Leipzig 1921, 3. Aufl.
Sternberg, R.J.	"Erfolgsintelligenz" in Psychol ogie heute, März 1998 S.21ff als Buch bei Droemer, Kindler
Stettbacher	Wenn Leiden einen Sinn haben soll, 2. Aufl. Ha mburg
Strehle, H.	Mienen, Gesten und Gebärden, München-Basel 1954
Strobe, G.	Training in Wirtschaft und Verwaltung, E ssen 1978
Strunz, K. (Hrsg.)	Pädagogische Psychologie für h öhere Schulen, München 1961
Tinbergen, J (Hrsg.)	Wir haben nur eine Zukunft, Opladen 1977
v. Cube, F	Fordern statt verwöhnen, 10. Aufl. 1997, München
v. Uexküll:, J.	Streifzüge durch die Umwelten von Tieren und Menschen, Hamburg 1956
Vester, F.	Neuland des Denkens, München 1984
Vester, F.	Denken, Lernen, Vergessen, 10. Aufl. München 1983
Waszkewitz, B.	Schule und Arbeitswissenschaft (Neues Land Heft 1/56)
Waszkewitz, B.	Zur Frage der Schülerbeurteilung (Schule und Psychologie Heft 11/56)
Waszkewitz, B.	Berufsberatung gefährdeter Jugendlicher (Recht der Jugend (Heft 2/57)
Waszkewitz, B.	Verschiedene Führungsmethoden und Anforderungen an Führungskräfte (Mensch und Arbeit Heft 4/57)
Waszkewitz, B.	Eignung und Neigung als Fundamente menschlicher Leistung (Wirtschaft und B e-

	rufserziehung Heft 9/57)
Waszkewitz, B.	Warum müssen kranke Kinder scheitern (Recht der Jugend, Heft 24/57)
Waszkewitz, B.	Die pädagogischen Möglichkeiten der Privatschule (Pädagogische Arbeitsblätter, Heft 6/58)
Waszkewitz, B.	Verwahrlosung und Erziehbarkeit (Zeitschrift für das Fürso rgewesen, Heft 11/58)
Waszkewitz, B.	Das Problem der Werbung im Bereich von Lehre, Forschung und Erziehung (Al l-gemeine Deutsche Lehre rzeitung, Heft 7/59)
Waszkewitz, B.	Menschliches Lernen als Analogprozeß (Deutsche Lehrprogramme für Schule und Praxis, Heft 3/66)
Waszkewitz, B.	Bildungspolitik aber wie? (Lebe ndige Schule, Heft 7/69)
Waszkewitz, B.	Lernen und Sprache (Die beruf sbildende Schule, Heft 7/8)
Waszkewitz, B.	Die Schule von morgen aus der Sicht des Personalpraktikers (bildung und politik, Heft 12/69)
Waszkewitz, B.	Die Schule der Zukunft (bildung und politik Heft 12/70; 1/71)
Waszkewitz, B.	Zur Problematik der Notengebung bei Aufsätzen und thematischen Examensarbe i-ten (bildung und politik, Heft 10/72)
Waszkewitz, B.	Deutsch mangelhaft, Nachdenkliches zum Thema Lehrlingsausbildung und Schule (beruf und bildung, Heft 10/75)
Waszkewitz, B.	Lernen und Persönlichkeit des Auszubildenden (Beruf+Bildung, Heft 7/76)
Waszkewitz, B.	Lernzielbestimmung (Personal-Enzyklopädie, Bd. 2 S. 503ff, München 1978)
Waszkewitz, B.	Das Problem curricularer Ausbildungsplanung (Beruf+Bildung, Heft 2/82)
Waszkewitz, B.	Problematik von Bildungsoffensiven (Pe rsonal, Heft 5/91)
Waszkewitz, B.	Fehlentwicklungen durch Überfo rderung (Jugendwohl 4/98)
Waszkewitz, B.	Persönlichkeit und Verhalten, Stuttgart 1998
Waszkewitz, B:	Mensch und Gesellschaft, Stuttgart 2000
Waszkewitz, B:	Pädagogischer Wegweiser, Stuttgart 2001
Waszkewitz, B:	Mensch, Gesellschaft und Beruf, Stuttgtar 2001
Waszkewitz, B:	Fortschritte und Novitäten, Stuttgart 2002
Weinert,F.E.u.a.	Pädagogische Psychologie Bd. 1 u.2.(Funkkolleg),Frankfurt 1975
Wellek, A.	Die Polarität im Aufbau des Ch arakters, Bern 1966
Zimbardo, Ph.G.	Psychologie, 6 Aufl. Berlin... 1995
Zulliger, H.	Heilende Kräfte im kindlichen Spiel, Stut tgart 2. Aufl. (1954)